Johanna Handschmann

Lust auf Kartoffeln

Inhalt

Kartoffel-genuss auf indisch: Kartoffelcurry

Die Lachs-röllchen mit Kartoffel-Kräuter-Creme sind eine feine Vorspeise.

Es geht nichts über selbst gemachte Gnocchi mit Champignonsauce.

Die perfekte Pizza für Kartoffel- fans.

Die tolle Knolle

Vielseitig und unkompliziert

Die Kartoffeln gehören bei uns zu den beliebtesten Nahrungsmitteln. Nachdem sie in den fünfziger Jahren zu Unrecht als Dickmacher angeprangert wurden, sind sie mittlerweile wieder voll rehabilitiert. Mit der wachsenden Information über vollwertige Ernährung wurden die phantastischen ernährungsspezifischen Werte der Kartoffel bekannt, so dass die stärkereiche Knolle bei uns heute wieder eine Spitzenstellung in der Ernährung einnimmt. Kartoffeln sind beliebt bei Jung und Alt. Sie sind aus der einfachen Alltagsküche nicht wegzudenken und regen Spitzenköche zu immer wieder neuen feinen Kreationen an. Wegen des milden Geschmacks lassen sich Kartoffeln universal sowohl für pikante als auch für süße Rezeptzubereitungen verwenden.

Die wichtigen Vitamine und Mineralstoffe der Kartoffeln bleiben am besten erhalten, wenn sie in der Schale gegart werden.

Kartoffeln schmecken solo, als Pellkartoffeln mit Butter und Salz, ebenso wie in unzähligen Kombinationen mit anderen Gemüsen, Fleisch, Fisch, Käse, Ei, ja sogar mit Äpfeln! Kartoffeln kann man kochen, dämpfen, braten, frittieren, backen und gratinieren. Ob für Suppen, Salate, Pfannengerichte, Knödel, Püree, Puffer oder Aufläufe – es gibt unübersehbar viele alte und immer wieder neue köstliche Rezeptideen mit der tollen Knolle.

Das unscheinbare Äußere der Kartoffel verbirgt dezent ihre inneren Werte: Sie sind kalorienarm und enthalten fast kein Fett, dafür wertvolle Ballaststoffe, wichtige Stärke, hochwertiges Eiweiß, Vitamine und Mineralstoffe. Gleichzeitig sind Kartoffeln ein wichtiger Basenlieferant und können so einen Ausgleich für eine säureüberschüssige, zu stark eiweißhaltige Ernährung liefern. Daher kann, wer auf ausgewogene Ernährung achtet, auf Kartoffeln kaum verzichten.

Von den Anden nach Preußen

Die Kartoffel stammt ursprünglich aus dem Andenhochland in Südamerika. Von dort brachten italienische und spanische Seefahrer die Knolle vor etwa 400 Jahren nach Europa. Nach Deutschland gelangte die Kartoffel gegen Ende des

16. Jahrhunderts, wo sie – trotz ihrer relativ unspektakulären Blüten – zunächst als exotische Zierpflanze gezogen wurden. Erst hundert Jahre später kamen die Kartoffeln, zuerst im Süden Deutschlands, auf den Tisch. Pfälzer Bauern brachten die »Erdäpfel« nach Preußen, wo Friedrich der Große den Kartoffelanbau förderte, um die damaligen Hungersnöte zu lindern: Er ließ sie unter Strafandrohung in die Erde legen, da das Volk der seltsamen Knolle noch nicht so recht traute. Als jedoch sowohl der große Hunger als auch der gefürchtete Skorbut – der durch Vitamin-C-Mangel entsteht – überwunden wurden, schloss die Bevölkerung Frieden mit der Indianerknolle. Seitdem spielt die Kartoffel in der deutschen Küche von Nord bis Süd eine bedeutende Rolle. Weltweit gehört sie zu den wichtigsten Grundnahrungsmitteln.

Kartoffeln und ihre inneren Werte

Kartoffeln liefern leicht verdauliche Stärke, wertvolles Eiweiß, verdauungsfördernde Ballaststoffe, elf Vitamine und 15 Mineralstoffe und Spurenelemente. So ist die Kartoffel reich an Kalium, Magnesium, Eisen, Kalzium und Fluorid, wobei der hohe Kaliumgehalt zur Entwässerung besonders bei Herz- und Nierenerkrankungen und zum Ausgleich bei Bluthochdruck äußerst wichtig ist. Kartoffeln enthalten wichtige Vitamine der B-Gruppe und größere Mengen an Vitamin C, aber kaum Fett. Sie sind ideal zum Abnehmen, denn sie sättigen gut und enthalten nur 265 kJ (68 kcal) pro 100 Gramm. Das Kartoffeleiweiß wird durch die Kombination mit Ei, Quark oder Milch für den Körper optimal verwertbar gemacht.

Der hohe Kaliumgehalt bei gleichzeitig niedrigem Gehalt an Natrium bewirkt eine Entwässerung des Körpers.

Wegen der schönen Blüten ließ der große Kurfürst 1651 Kartoffeln in seinem Lustgarten in Berlin anpflanzen.

Zehn gute Gründe, Kartoffeln zu essen

1. Kartoffeln wirken entsäuernd und aktivieren den gesamten Stoffwechsel.
2. Kartoffeln regulieren den Wasserhaushalt im Körper.
3. Kartoffeln stärken Herz und Kreislauf und kräftigen die Muskeln.
4. Kartoffeln stimulieren den Transport aller Nährstoffe in die Zellen.
5. Kartoffeln bauen Knochensubstanz auf.
6. Die in den Kartoffeln enthaltenen Kohlenhydrate und Mineralien stimulieren das Wachstum.
7. Kartoffeln kräftigen das Bindegewebe.
8. Kartoffeln stimulieren die Hormonproduktion.
9. Kartoffeln regulieren sanft und auf gesunde Weise die Verdauung.
10. Kartoffeln sorgen für geistige Frische und verscheuchen Müdigkeit.

Kartoffeln einkaufen

Kartoffeln gehören zu den preiswertesten Lebensmitteln und sind quasi überall erhältlich. Bei uns gibt es ganzjährig ein sehr gutes Angebot an Kartoffeln. Doch nur ein Teil der in den Supermärkten und Großmarkthallen verkauften Kartoffeln stammt aus dem Inland, obwohl Deutschland zu den Hauptanbauländern für Kartoffeln gehört. Neben Kartoffeln aus dem Inland kommen bei uns hauptsächlich aus den Niederlanden und Italien importierte auf den Tisch. Auch England, Frankreich, Russland und Polen liefern Kartoffeln in deutsche Supermärkte. Und die ganz frühen Frühkartoffeln kommen natürlich aus wärmeren Gebieten: Marokko, Zypern und Ägypten.

Wenn Sie keine Möglichkeit haben, Kartoffeln im kühlen, trockenen Keller zu lagern, sollten Sie immer nur kleine Mengen einkaufen.

Am besten kaufen Sie Ihre Kartoffeln aber lose auf dem Markt oder beim Bauern. In diesen Fällen haben Sie Gewähr für gut gelagerte und sortenreine Kartoffeln aus der Region.

Da die Kartoffel im Boden wächst, kann sie auch eventuell vorhandene Pestizide, Herbizide oder Schwermetalle aus dem Boden aufnehmen. Daher empfiehlt es sich, die wertvollen Knollen beim Biobauern oder im Naturkostladen zu kaufen.

Testen Sie eine kleine Menge, bevor Sie den Wintervorrat zum Einkellern erwerben. Wenn Kartoffeln süß schmecken, sind sie Frost ausgesetzt gewesen. Bei weniger als −4 °C wird die Stärke der Kartoffel zu Zucker abgebaut.

Marktübersicht: Kartoffelsorten

Speisekartoffeln unterscheiden sich nach dem Zeitpunkt der Reife, nach Form und Geschmack und nach ihrer Kocheigenschaft. Verantwortlich für die Kocheigenschaft sind Feuchtigkeit und Stärke. Mit zunehmendem Stärkegehalt nimmt die Feuchtigkeit ab. Knollen mit höherem Stärkegehalt platzen beim Kochen auf, sie kochen also mehlig. Früher reifende Kartoffeln kochen eher fester, da der Stärkegehalt geringer ist.

Fest kochende Kartoffeln

Sie bleiben gut in Form und eignen sich zum Kochen, Braten oder

Backen und vor allem für Kartoffelsalate. Die bekanntesten Sorten sind Bamberger Hörnchen, Cilena, Hansa, Linda, Nicola, Selma, Sieglinde und Spunta.

Vorwiegend fest kochende Kartoffeln

Dieser Kartoffeltyp ist universal einsetzbar. Trotz des relativ hohen Stärkegehalts bleiben sie beim Kochen und Backen fest. Von diesem Kochtyp gibt es die größten Sortenangebote, wie z. B. Christa, Berber, Desirée, Gloria, Granola, Primura, Secura, Solina und Karat.

Mehlig kochende Kartoffeln

Sie brechen beim Kochen auf und haben wegen ihres hohen Stärkegehalts einen etwas trockenen Charakter. Mehlig kochende Kartoffeln sind ideal für Suppen, Eintöpfe, Pürees und Knödel. Das Angebot an mehlig kochenden Kartoffeln ist wegen der geringeren Nachfrage etwas kleiner: Bekannte Namen sind Aula, Bintje, Irmgard, Likaria und Adretta.

Kartoffeln kochen

Um die wertvollen Inhaltsstoffe der Kartoffel zu erhalten, sollte man auf eine schonende Zubereitung achten:

- Kartoffeln möglichst mit der Schale garen, am besten im Dämpfeinsatz oder mit sehr wenig Wasser.
- Kartoffeln nicht zu lange kochen. Geplatzte Pellkartoffeln verlieren Vitamine durch Risse in der Schale.
- Kartoffeln nicht warm halten, dadurch schwinden die hitzeempfindlichen Vitamine.

Gekochte Kartoffeln verarbeiten

- Wenn Sie für ein Rezept gekochte Kartoffeln kalt weiterverarbeiten wollen, ist es am besten, Sie kochen die Kartoffeln bereits am Vortag. Das hat mehrere Vorteile: Die Kartoffeln sind völlig erkaltet, was für das Gelingen vieler Rezepte wichtig ist, sie lassen sich gut reiben, und es geht schneller: Sie können von der Zubereitungszeit für das jeweilige Rezept dann 30 Minuten abziehen.
- Gekochte Pellkartoffeln halten sich im Kühlschrank etwa drei Tage. Es lohnt sich also, öfter einmal die doppelte Menge Kartoffeln zu kochen. Dann können Sie am nächsten Tag schnell eine vollwertige Mahlzeit zubereiten. Übrigens – für alle Rezepte mit kalten gekochten Kartoffeln können Sie auch Reste von Salzkartoffeln verwenden.

Frühe Kartoffelsorten sind immer fest kochend. Diese Sorten eignen sich nicht für Püree, da sie zu wenig Stärke haben.

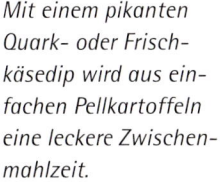

Mit einem pikanten Quark- oder Frischkäsedip wird aus einfachen Pellkartoffeln eine leckere Zwischenmahlzeit.

Vorspeisen und Salate

D ie Zeiten, als man bei Kartoffelsalat nur an die seltsame Masse
dachte, die aus dem großen
Eimer kommt, sind heute passé. Mit
der Wiederentdeckung der Kartoffel als
vollwertiges und wohlschmeckendes
Nahrungsmittel hat man sich auch an
die vielfältigsten Kartoffelsalatrezepte
erinnert und neue entwickelt. Kombiniert mit würzigen Speckwürfelchen,
frischen Kräutern und knackig frischen
Gemüsen, mit feinem Olivenöl und
Knoblauch oder ganz edel mit Spargel
entstehen vitaminreiche Sattmacher.
Feine Vorspeisen fürs Menü sind die
Kartoffel-Thunfisch-Pastete und die
Lachsröllchen mit Kartoffelcreme.

Klassisch

Kartoffelsalat mit Speckwürfeln

Dieser Salat schmeckt solo, zu Würstchen oder zu gebratenem Fleisch.

Für 4 Portionen

1 kg fest kochende Kartoffeln
1 große Zwiebel
1 säuerlicher Apfel
1/4 l heiße Gemüsebrühe
3–4 EL Kräuteressig
4 EL Sonnenblumenöl oder Olivenöl
Salz, frisch gemahlener Pfeffer
1 Bund Schnittlauch oder Petersilie
100 g durchwachsener oder fetter Speck

🕐 40 Minuten

1 Die Kartoffeln in wenig Wasser oder im Dampf 20 bis 30 Minuten kochen, dann leicht abkühlen lassen und pellen.

Durchwachsener Speck, kross in der Pfanne gebraten, verleiht vielen Gerichten den letzten Pfiff.

2 Inzwischen die Zwiebel abziehen und sehr fein würfeln. Den Apfel nach Belieben schälen, vierteln, vom Kernhaus befreien

und in feine Streifen schneiden. Apfelstreifen und Zwiebelwürfel in eine Salatschüssel geben und die heiße Gemüsebrühe darüber gießen. Essig, Öl, Salz und Pfeffer einrühren.

3 Die gepellten Kartoffeln in feine Scheiben schneiden. Schnittlauch oder Petersilie waschen, trocken-schütteln und fein hacken. Kartof-feln und Kräuter zu den Zutaten in die Schüssel geben.

4 Den Speck fein würfeln. Die Speckwürfel in einer Pfanne aus-braten lassen, über den Salat geben und vorsichtig untermischen. Wenn der Salat zu trocken sein sollte, noch etwas Wasser oder Gemüse-brühe dazugeben.

Tipps der Köchin

• Kartoffelsalate schmecken besonders gut, wenn sie vor dem Servieren einige Zeit durchziehen.
• Geben Sie zusätzlich 1/2 bis 1 Gurke in Scheiben dazu, das macht den Salat saftiger.
• Wenn gerade Saison ist, können Sie zusätzlich auch etwas Feldsalat unter-mischen.

Norddeutsche Variante

Kartoffelsalat mit Hering

Für 4 Portionen
1 kg fest kochende Kartoffeln
1 Zwiebel
4–6 EL eingelegte Rote Bete
1/8 l heiße Gemüsebrühe
4 EL Einlegeflüssigkeit der
Roten Bete
2–3 EL Essig
1 Becher Crème fraîche
Salz, frisch gemahlener Pfeffer
4 Matjesheringe
1 Bund Petersilie
50 g Kresse

🕐 40 Minuten

1 Die Kartoffeln in wenig Wasser oder im Dampf 20 bis 30 Minuten kochen, leicht abkühlen lassen und pellen. Zwiebel abziehen und in feine Ringe schneiden. Rote Bete fein hacken. Beides in eine Salatschüssel geben.

2 Die heiße Gemüsebrühe und die Einlegeflüssigkeit der Roten Bete darüber gießen. Essig, Crème fraîche, Salz und Pfeffer einrühren.

3 Die gepellten Kartoffeln in feine Scheiben schneiden und mit den Zutaten in der Schüssel mischen.

4 Die Heringe fein würfeln. Die Petersilie waschen und fein hacken. Heringe, Petersilie und Kresse vorsichtig untermischen. Den Salat mindestens 1 Stunde durchziehen.

Pikante Variante

Kartoffelsalat mit Pilzen

Für 4 Portionen
1 kg fest kochende Kartoffeln
200 g Champignons
1 Bund Frühlingszwiebeln
1/4 l Gemüsebrühe
3–4 EL Kräuteressig
4 EL Sonnenblumenöl oder Olivenöl
Salz, frisch gemahlener Pfeffer

🕐 30 Minuten

1 Die Kartoffeln in wenig Wasser oder im Dampf in 25 bis 30 Minuten weich kochen, dann leicht abkühlen lassen und pellen.

2 Inzwischen die Pilze abbrausen, trockentupfen, in feine Scheiben schneiden und in eine Salatschüssel geben. Die Frühlingszwiebeln waschen, putzen, in feine Ringe schneiden und dazugeben.

3 In einem kleinen Topf die Gemüsebrühe zum Kochen bringen und über Pilze und Zwiebeln gießen. Essig, Öl, Salz und Pfeffer einrühren.

4 Die gepellten Kartoffeln in feine Scheiben schneiden und mit den Zutaten in der Schüssel mischen. Wenn der Salat zu trocken sein sollte, noch etwas Wasser oder Gemüsebrühe dazugeben.

Kartoffelsalate sind ideal für Partys und Büfetts, da sie auch nach längerem Stehen noch appetitlich sind. Bei solchen Gelegenheiten sollten Sie am besten von vornherein etwas mehr Flüssigkeit verwenden, damit der Salat nicht trocken wird.

Frühlingszwiebeln eignen sich besonders für die kalte Küche, da sie nicht so scharf sind wie normale Zwiebeln.

Mit gebratenen Sardinen wird aus dem italienischen Kartoffelsalat ein leckeres mediterranes Hauptgericht.

Die beste Qualität hat Olivenöl mit der Bezeichnung »Natives Olivenöl extra«. Dieses kalt gepresste Öl ist für den italienischen Kartoffelsalat ideal.

Mediterrane Leichtigkeit

Italienischer Kartoffelsalat

Für 4 Portionen

1 kg kleine fest kochende Kartoffeln
2 große Knoblauchzehen
2 Zwiebeln
6 EL Olivenöl
250 g Zucchini
1/4 l heiße Gemüsebrühe
3–4 EL Weißweinessig
Salz, frisch gemahlener Pfeffer
10–15 getrocknete, in Öl eingelegte Tomaten
10 Anchovis oder Sardellen
10 Oliven ohne Stein
2 EL eingelegte Kapern
250 g Kirschtomaten
1 Bund Basilikum

🕐 **30 Minuten**
1 Stunde zum Durchziehen

1 Die Kartoffeln in wenig Wasser oder im Dampf kochen, dann leicht abkühlen lassen und pellen.

2 Inzwischen Knoblauch und Zwiebeln abziehen. Die Knoblauchzehen fein würfeln und in 2 Esslöffeln heißem Öl

goldbraun braten. Die Zwiebeln fein würfeln, dazugeben und glasig dünsten. Die Zucchini waschen, fein würfeln, dazugeben und 4 bis 5 Minuten mitgaren.

3 Die heiße Gemüsebrühe mit Essig, restlichem Öl, Salz und Pfeffer in einer Salatschüssel verrühren.

4 Die gepellten Kartoffeln 1- oder 2-mal durchschneiden, in die Schüssel geben und mit der Marinade verrühren. Die getrockneten Tomaten, die Anchovis und die Oliven fein schneiden und mit den Kapern dazugeben.

5 Das Gemüse aus der Pfanne auf die Kartoffeln geben und alles vermischen. Den Salat mindestens 1 Stunde durchziehen lassen.

6 Kurz vor dem Servieren die Tomaten waschen und halbieren, dabei den Stielansatz entfernen. Das Basilikum waschen und die Blätter grob zerpflücken oder in Streifen schneiden. Tomaten und Basilikum untermischen und den Salat nochmals abschmecken.

Tipp der Köchin

Dieser Salat eignet sich auch sehr gut für ein italienisches Büfett, weil er sich hervorragend vorbereiten lässt. Die Tomaten und das Basilikum aber unbedingt erst vor dem Anrichten untermischen.

Kartoffeln auf Nizza-Art

Kartoffelsalat Niçoise

Für 4 Portionen

500 g fest kochende Kartoffeln

250 g grüne Bohnen

2 Zwiebeln

5 EL Olivenöl

5–6 EL Kräuteressig, 2 TL Senf

Salz, frisch gemahlener Pfeffer

1 kleiner Kopf Blattsalat

1 Salatgurke, 4 Tomaten

1 gelbe Paprikaschote

2 Frühlingszwiebeln

2 EL Balsamico-Essig

Dieser durch die Gurke besonders saftige Kartoffelsalat schmeckt sehr gut als leichte, sommerliche Beilage zu gegrilltem Fleisch und Fisch.

🕐 **40 Minuten**

1 Kartoffeln in wenig Wasser oder im Dampf 25 bis 30 Minuten kochen. Bohnen waschen, putzen und in Stücke brechen. 1 Zwiebel abziehen, fein schneiden und in 1 Esslöffel Öl andünsten. Die Bohnen zugeben, einige Minuten mitdünsten, 1/8 Liter Wasser zugießen und die Bohnen 15 Minuten garen.

Tomaten enthalten besonders viel Beta-Karotin, das vor Krebserkrankungen schützen kann.

2 Kartoffeln pellen und in Scheiben oder Würfel schneiden. Die zweite Zwiebel abziehen, fein würfeln und mit Essig, 2 Esslöffeln Öl, Senf, Salz und Pfeffer verrühren. Kartoffeln und Bohnen untermischen.

3 Den Blattsalat waschen, putzen und in mundgerechte Stücke zerteilen. Gurke und Tomaten waschen und in Scheiben schneiden. Paprikaschote und Frühlingszwiebeln waschen, putzen und in feine Streifen bzw. Ringe schneiden.

4 Die Salatblätter auf Teller verteilen. Gurken, Tomaten und Paprika darauf legen. Die Frühlingszwiebeln unter den Kartoffelsalat mischen und diesen ebenfalls auf den Tellern arrangieren. Essig mit restlichem Öl, Salz und Pfeffer verrühren und über den Salat träufeln.

Himmlisch zur Spargelzeit

Kartoffel-Spargel-Salat

Für 4 Portionen

1 kg fest kochende Kartoffeln

500 g grüner Spargel

Salz

1 Schalotte

1/2 TL gekörnte Gemüsebrühe

2 EL Apfel- oder Kräuteressig

2 EL Sonnenblumenöl

frisch gemahlener bunter Pfeffer

1 Bund Schnittlauch oder Rucola

🕐 **40 Minuten**

1 Die Kartoffeln waschen und mit der Schale in wenig Wasser oder im Dampf in 20 bis 30 Minuten weich kochen.

2 Inzwischen den Spargel waschen und holzige Enden abschneiden. Die Stangen im unteren Drittel schälen, in Stücke schneiden und dicke Teile noch einmal längs durchschneiden. 1/4 Liter Wasser mit 1 Prise Salz zum Kochen bringen und den Spargel darin zugedeckt in etwa 10 Minuten bissfest garen.

3 Die Schalotte abziehen, fein würfeln und in eine Salatschüssel geben.

4 Die gegarten Spargelstücke aus dem Topf nehmen und beiseite stellen. Im restlichen Spargelkochwasser die gekörnte Brühe auflösen und noch warm über die Schalotte gießen. Essig, Öl, Salz und Pfeffer einrühren.

5 Die Kartoffeln abgießen, mit kaltem Wasser abschrecken, pellen, in feine Scheiben schneiden und sofort in die Marinade geben.

6 Schnittlauch oder Rucola waschen, trocknen und in Röllchen bzw. feine Streifen schneiden. Mit den Spargelstücken unter die Kartoffeln mischen.

Der Kartoffel-Spargel-Salat schmeckt lauwarm und kalt hervorragend.

17

Für viele Gäste backen Sie die in Alufolie gewickelten Kartoffeln im Backofen und reichen die Füllungen als Saucen dazu.

Einfach und gut

Gefüllte Kartoffelhälften

Für 4 Portionen
4 mittelgroße vorwiegend fest kochende Kartoffeln (etwa 600 g)
Füllung nach Wahl (siehe unten)

🕐 40–60 Minuten

1 Die Kartoffeln gründlich waschen und bürsten. Die Knollen längs durchschneiden und mit der Schnittstelle nach oben in wenig Wasser oder im Dampf garen. Darauf achten, dass die Kartoffeln nicht zu weich kochen. Inzwischen die ausgewählten Füllungen vorbereiten.

2 Die gekochten Kartoffeln leicht abkühlen lassen. Die Schale vorsichtig abziehen. Die Kartoffeln mit einem kleinen Löffel etwas aushöhlen und das Fruchtfleisch mit den Füllungen verrühren. Die Füllungen auf die Kartoffeln geben.

Lachscreme

50 g Räucherlachs
1 kleine Gewürzgurke
4 EL (100 g) Crème fraîche
4 Zweige Dill
Salz, frisch gemahlener Pfeffer

Hier ist für jeden Geschmack etwas dabei: gefüllte Kartoffelhälften mit vier verschiedenen Füllungen.

Den Lachs und die Gurke fein hacken und mit der Crème fraîche verrühren. Den Dill waschen, fein schneiden und untermischen. Mit Salz und Pfeffer abschmecken.

Kräuterbutter

2 EL Butter
1 Knoblauchzehe
2 EL gehackte Kräuter
Salz, frisch gemahlener Pfeffer

Die Butter mit der durchgepressten Knoblauchzehe und den Kräutern verrühren und mit Salz und Pfeffer würzen.

Thunfischcreme

80 g Thunfisch in Öl
4 EL Kräuter-Crème-fraîche
Salz, frisch gemahlener Pfeffer
2 EL Schnittlauchröllchen

Den Thunfisch auf einem Brett sehr fein hacken und mit einer Gabel zerdrücken. Mit der Kräuter-Crème-fraîche verrühren und mit Salz und Pfeffer abschmecken. Den Schnittlauch einrühren.

Rote-Bete-Remoulade

200 g eingelegte Rote Bete (aus dem Glas)
3 EL Crème fraîche
2 Gewürzgurken
2 EL gehackte Petersilie
1–2 EL eingelegte Kapern
Salz, frisch gemahlener Pfeffer

Die Rote Bete abtropfen lassen und fein würfeln. Rote Bete in die Crème fraîche einrühren. Die Gewürzgurken sehr fein würfeln und mit der gehackten Petersilie und den eingelegten Kapern dazugeben. Mit Salz und Pfeffer würzen.

Ideal fürs gesunde Picknick

Alpenländischer Kartoffelkäse

Dieses deftige, aber fein-sahnige »Käse«-Rezept stammt aus der österreichisch-bayerischen Küche. In schlechten Zeiten wurden die vergleichsweise teuren Milchprodukte weggelassen, und es gab gewürzte zerdrückte Pellkartoffeln pur als Brotbelag.

Für 4 Portionen

800 g mehlig kochende Kartoffeln

1 Zwiebel

125 g Sahne

125 g Crème fraîche

Salz, frisch gemahlener Pfeffer

🕐 **40 Minuten**

1 Die Kartoffeln waschen und mit der Schale in wenig Wasser 20 bis 30 Minuten weich kochen.

2 Die Kartoffeln kalt abschrecken, pellen und noch warm in eine Schüssel pressen oder reiben. Die Zwiebel abziehen, sehr fein würfeln und mit den Kartoffeln vermischen. Die Kartoffelmasse mit Sahne und Crème fraîche verrühren. Mit Salz und Pfeffer würzen.

Gorgonzola kaufen Sie am besten frisch an der Käsetheke.

Zum Salat

Kartoffelscheiben mit Gorgonzola

Für 4 Portionen

4 mittelgroße Kartoffeln (500 g)

1 EL Öl

50 g Gorgonzola

🕐 **75 Minuten**

1 Die Kartoffeln waschen und mit der Schale in wenig Wasser oder im Dampf 25 bis 30 Minuten nicht zu weich kochen.

2 Nach dem Abkühlen pellen und in 1 Zentimeter dicke Scheiben schneiden. In einer beschichteten Pfanne das Öl erhitzen und die Kartoffelscheiben darin auf einer Seite goldbraun braten.

3 Den Käse in dünne Scheiben schneiden, auf die Kartoffelscheiben setzen und bei aufgelegtem Deckel und schwacher Hitze leicht schmelzen lassen.

Tipps der Köchin

• Anstelle des Gorgonzola können Sie auch jede andere kräftig-würzig schmeckende Käsesorte, z. B. Raclettekäse oder Appenzeller, verwenden.

• Wenn Sie gekochte Kartoffeln vom Vortag verwenden, werden die Gorgonzola-Kartoffeln zum Blitzrezept, das in 15 Minuten fertig ist.

Vollwertige Büromahlzeit

Bunter Kartoffelquark

Für 4–6 Portionen

500 g vorwiegend fest kochende
Kartoffeln
150 g Gemüsemais (aus der Dose)
oder 1 gelbe Paprikaschote
2 Tomaten
je 1 Bund Schnittlauch und
Petersilie
250 g Quark
125 g Joghurt
Salz
frisch gemahlener Pfeffer

🕐 **40 Minuten**

1 Die Kartoffeln waschen und in wenig Wasser garen. Inzwischen den Mais abtropfen lassen oder die Paprikaschote waschen, putzen und fein würfeln. Die Tomaten waschen und würfeln, dabei den Strunk entfernen. Die Kräuter waschen, trocknen und fein schneiden.

2 Gemüse und Kräuter in eine Schüssel geben und Quark und Joghurt einrühren. Die Kartoffeln abgießen, leicht auskühlen lassen, pellen und in 1 Zentimeter große Würfel schneiden.

3 Kartoffeln in die Creme rühren. Mit Salz und Pfeffer würzen.

Den bunten Kartoffelquark können Sie prima mitnehmen.

Diese raffinierte Quarkcreme passt sehr gut zu einem kernigen Vollkornbrot oder zu Blattsalaten.

Der weiße Thunfisch ist kleiner, aber feiner als der rote oder große Thunfisch, welcher dunkles Fleisch hat. Beide Sorten sind – in Öl eingelegt – als Konserve erhältlich. Für dieses Rezept können Sie beide Sorten verwenden. Farblich sieht das helle Fischfleisch in der Pastete aber schöner aus.

Rucola bzw. Rauke hat ein leicht herbes, nussiges Aroma und eignet sich sowohl für die kalte als auch die warme Küche.

Lässt sich vorbereiten

Kartoffel-Thunfisch-Pastete

Für 4 Vorspeisenportionen

300 g mehlig kochende Kartoffeln
40 g Butter
100 g weißer Thunfisch in Öl
40 g Schmand
Salz, frisch gemahlener Pfeffer
1 Bund Rucola
2 Tomaten oder 1/4 Salatgurke

🕐 60 Minuten
90 Minuten Kühlzeit

1 Die Kartoffeln kochen, etwas abkühlen lassen und pellen. Wenn sie nur noch lauwarm sind, durch eine Presse drücken. Die Butter in Stückchen dazugeben.

2 Den Thunfisch mit 1 bis 2 Esslöffeln der Kartoffelmasse im Blitzhacker fein zerkleinern. Zu den Kartoffeln geben und mit Schmand, Salz und Pfeffer mischen.

3 Mit nassen Händen die noch weiche Kartoffelmasse zu einer Rolle formen und diese in Frischhaltefolie wickeln. Im Kühlschrank 90 Minuten durchkühlen und dabei fest werden lassen.

4 Den Rucola waschen, trockentupfen und dekorativ auf Portionstellern anrichten. Tomaten oder Gurke waschen und in dünne Scheiben schneiden. Von der Pastete mit einem in heißes Wasser getauchten Messer 1 Zentimeter dicke Scheiben abschneiden. Diese auf die Tomaten- oder Gurkenscheiben setzen und auf dem Rucola anrichten.

Varianten
Noch feiner schmeckt die Pastete, wenn Sie die weiche Kartoffelmasse auf geölte Alufolie streichen und mit einer der drei folgenden Füllungen belegen:
• gemischte gehackte Kräuter und Kapern
• Basilikumblätter
• gehackte schwarze Oliven und gewürfelte frische oder getrocknete Tomaten in Öl. Dann aufrollen, kühlen und weiter verarbeiten, wie oben beschrieben.

Schnell und raffiniert

Lachsröllchen mit Kartoffel-Kräuter-Creme

Für 4 Portionen

150 g vorwiegend fest oder mehlig kochende Karoffeln

1 Becher (125 g) Kräuter-Crème-fraîche oder 1 Becher (125 g) Crème fraîche und 1 Bund Kräuter (Petersilie, Dill, Basilikum, Schnittlauch)

Salz, frisch gemahlener Pfeffer

100 g Räucherlachs in Scheiben

einige Schnittlauchhalme zum Garnieren

🕐 30 Minuten

1 Die Kartoffeln in wenig Wasser mit der Schale kochen. Dann abschrecken und pellen.

2 Die Kartoffeln mit einer Gabel zerdrücken oder durch eine Presse drücken. Die Kräuter-Crème-fraîche oder die Crème fraîche zusammen mit den gewaschenen und gehackten Kräutern unterheben. Mit Salz und Pfeffer abschmecken.

3 Mit einem Löffel gleichmäßige Portionen der Creme auf die Lachsscheiben setzen, diese aufrollen und auf eine Platte setzen. Nach Belieben mit Schnittlauchhalmen dekorativ zusammenbinden.

Wenn Sie Gäste erwarten, sind die Lachsröllchen mit Kartoffel-Kräuter-Creme nicht nur optisch ein gelungener Auftakt.

Aus Topf und Pfanne

Man nehme Kartoffeln, Gemüse und eventuell etwas Fleisch, würze gut und lasse alles in einem Topf kochen, bis es verführerisch duftet... Dieses Grundrezept für die beliebten Kartoffeleintöpfe ist leicht nachzukochen. In diesem Kapitel sagen wir Ihnen, welche Kombinationen am besten schmecken. Hier finden Sie auch Pfannengerichte, die besonders mit gekochten Kartoffeln vom Vortag zu gesunden Blitzrezepten werden. Aber die vielseitige Knolle kommt nicht nur bei uns oft auf den Tisch: Auch indische Köche, Meister der vegetarischen Küche, wissen feine Gerichte daraus zu bereiten. Mit dem Aroma der exotischen Gewürze verbindet sich die einfache Kartoffel zu einer völlig neuen Geschmackserfahrung.

Kartoffel-Gemüse-Suppe

Diese Kartoffelsuppe schmeckt solo als Eintopf, als Vorspeise, aber auch – wie es die Hessen lieben – als Beilage zu einem frischen Apfel- oder Zwetschgenkuchen mit Hefeteig. Zur kompletten Mahlzeit wird sie mit Würstchen, Rauchfleisch- oder Kasslerstückchen als Einlage.

Für 4 Portionen

50 g durchwachsener Speck
2 Zwiebeln
1 Möhre
100 g Knollen- oder Staudensellerie
500 g mehlig kochende Kartoffeln
40 g Butter
2 EL Mehl
Salz, frisch gemahlener Pfeffer
1 TL Majoran oder Thymian
2 Gemüsebrühwürfel
2 Tomaten
1 kleine Stange Porree
200 g Sahne
1 Bund Petersilie

🕐 **40 Minuten**

Die Zwiebel ist ein perfektes natürliches Heilmittel: Sie wirkt harntreibend, schleimlösend und antibiotisch.

1 Speck würfeln. Zwiebeln abziehen und fein würfeln. Möhre und Sellerie waschen, schälen und sehr fein würfeln. Selleriestangen abziehen und in feine Scheibchen schneiden. Kartoffeln schälen und in Würfel schneiden.

2 In einem großen Topf Zwiebeln und Speck in der Butter goldbraun braten. Möhre, Sellerie und Kartoffeln dazugeben und einige Minuten unter Rühren andünsten.

3 Das Mehl darüber stäuben und 1 1/2 Liter Wasser zugießen. Die Suppe salzen und pfeffern, Majoran oder Thymian und Gemüsebrühwürfel dazugeben und glatt rühren. Das Gemüse in 20 bis 30 Minuten weich kochen.

4 Die Tomaten waschen, mit kochendem Wasser überbrühen und häuten. Tomaten entkernen, von den Stielansätzen befreien und würfeln. Porree längs halbieren, waschen, putzen und in feine Ringe schneiden. Tomaten und Porree zur Suppe geben und diese noch 5 bis 10 Minuten kochen lassen.

5 Die Sahne einrühren und die Suppe abschmecken. Die Petersilie waschen, fein schneiden und kurz vor dem Servieren unterrühren.

Tipp der Köchin

Wer cremige Suppen bevorzugt, püriert die fertige Gemüsesuppe mit einem Mixstab und rührt eventuell noch etwas Sahne oder Brühe ein.

Klassischer schwäbischer Eintopf

Gaisburger Marsch

Für 4 Portionen

Salz

500 g Rinderbrust oder -wade

750 g vorwiegend fest kochende Kartoffeln

250 g Sellerie

250 g Möhren

1 Stange Porree

frisch gemahlener Pfeffer

1 Bund Petersilie

🕐 **3 Stunden**

1 2 Liter Wasser zum Kochen bringen und salzen. Das Fleisch hineinlegen und 2 Stunden bei schwacher Hitze ziehen lassen.

2 Die Kartoffeln schälen und in Schnitze schneiden. Sellerie und Möhren schälen und würfeln. Kartoffeln, Sellerie und Möhren in die Brühe geben und in 20 bis 30 Minuten weich kochen.

3 Den Porree putzen, waschen und in Streifen schneiden. In der Suppe 5 bis 10 Minuten ziehen lassen.

4 Den Eintopf abschmecken. Das Fleisch herausnehmen, kurz ruhen lassen, dann in Scheiben oder Würfel schneiden und wieder in die Suppe geben.

5 Die Petersilie waschen, fein hacken und vor dem Servieren darüber streuen.

Gut vorzubereiten

Schnelle Kartoffelsuppe

Für 4 Portionen

500 g mehlig kochende Kartoffeln

1 l Gemüsebrühe

2–3 EL Suppengrün (tiefgekühlt)

2 Frühlingszwiebeln oder 1 Bund Schnittlauch

Salz, frisch gemahlener Pfeffer

geriebene Muskatnuss

🕐 **45 Minuten**

1 Kartoffeln etwa 20 bis 30 Minuten kochen. Die Brühe mit dem klein geschnittenen Suppengrün erhitzen. Die Kartoffeln pellen und fein reiben oder durchpressen.

2 Die Frühlingszwiebeln oder den Schnittlauch waschen, putzen, fein schneiden und einrühren. Die Suppe 5 Minuten leicht kochen lassen. Mit Salz, Pfeffer und Muskat abschmecken.

In die schnelle Kartoffelsuppe passen auch andere schnell garende Gemüse wie Zucchinistreifen, Erbsen, Möhrenstifte oder Porreestreifen.

Porree, Möhren und Petersilie sind die typischen Gemüsesorten für Suppen und Eintöpfe.

Leichtes Mittagessen

Kartoffel-Spargel-Ragout

Für 4 Portionen

750 g junge vorwiegend fest kochende Kartoffeln

750 g grüner Spargel

20 g Butter

1 Bund Schnittlauch

1 Bund Petersilie

125 g Crème fraîche

150 g Joghurt

Salz, frisch gemahlener Pfeffer

🕐 **40 Minuten**

Dieser feine Früh-sommer-Eintopf passt auch gut als Beilage zu Fleisch oder Fisch.

1 Die Kartoffeln schälen und in 1 bis 2 Zentimeter große Würfel oder Stifte schneiden. Spargel waschen, im unteren Drittel schälen und in Stücke schneiden, dabei die Spargelspitzen beiseite legen.

2 In einem Topf die Butter erhitzen und Kartoffeln und Spargelstücke einige Minuten darin andünsten. 1/2 Liter Wasser angießen und zugedeckt etwa 10 Minuten vorgaren. Die Spargelspitzen dazugeben und noch 5 Minuten kochen lassen.

3 Für die Sauce Schnittlauch und Petersilie waschen, trocknen und fein schneiden. Die Crème fraîche mit dem Joghurt und den Kräutern verrühren, mit Salz und Pfeffer würzen und abschmecken.

Nicht nur in Deutschland spielen Kartoffeln in der Küche die Hauptrolle. Das indisch gewürzte Kartoffelcurry müssen Sie unbedingt probieren.

4 Das Gemüse auf vier Portionsteller verteilen und mit der Sauce überziehen.

Exotisch gewürzt

Kartoffelcurry

Für 4 Portionen

600 g vorwiegend fest kochende Kartoffeln

1 kleiner Blumenkohl

1 große Zwiebel

1 Stück frischer Ingwer (4 cm lang)

2 Knoblauchzehen

40 g Butterschmalz

1–2 EL Currypaste oder -pulver

1 rote Paprikaschote

250 g Erbsen (tiefgekühlt)

100 g Crème fraîche, Salz

8 Garnelenschwänze

1 Bund Petersilie

🕐 **40 Minuten**

1 Die Kartoffeln schälen und in kleine Würfel schneiden. Den Blumenkohl waschen, putzen und in Röschen teilen. Zwiebel, Ingwer und Knoblauch schälen, hacken und im Butterschmalz glasig dünsten.

2 Kartoffeln und Blumenkohl zugeben, Currypaste oder -pulver einrühren, 1/2 Liter heißes Wasser angießen und die Gemüse 20 Minuten leicht kochen lassen.

3 Paprika waschen, putzen und fein würfeln. Mit den Erbsen und der Crème fraîche zum Gemüse geben und weitere 5 bis 10 Minuten kochen lassen. Mit Salz abschmecken. Die Garnelenschwänze dazugeben und heiß werden lassen. Fein gehackte Petersilie darüber streuen.

Saure Kartoffeln sind schnell fertig und schmecken der ganzen Familie. Das Rezept gibt es so oder ähnlich in ganz Deutschland. Je nach Region werden auch Blut- und Leberwurst, Frikadellen und Bratwürste dazu gegessen.

Kräuteressig können Sie durch die Zugabe verschiedener Kräuter zu mildem Essig ganz einfach selbst herstellen.

Traditionelle deutsche Küche

Saure Kartoffeln

Für 4 Portionen

1 kg Kartoffeln
1 große Zwiebel
40 g Butter, 2 EL Mehl
2 EL milder Kräuteressig
2 TL gekörnte Gemüsebrühe
Salz, frisch gemahlener Pfeffer
1 Bund Petersilie

🕐 40 Minuten

1 Kartoffeln waschen, schälen und in dünne Scheiben schneiden. Die Kartoffelscheiben mit 1/2 Liter Wasser in einen Topf geben und bei mittlerer Hitze zugedeckt 10 bis 15 Minuten kochen.

2 Inzwischen die Zwiebel abziehen und fein würfeln. In einem zweiten Topf die Butter erhitzen

und die Zwiebel darin hellbraun braten. Das Mehl einstreuen und leicht anschwitzen. Mit 1 Liter Wasser aufgießen und die Sauce glatt rühren. Mit Essig, Gemüsebrühe, Salz und Pfeffer würzen.

3 Petersilie fein hacken. Zusammen mit den Kartoffelscheiben vorsichtig in die Sauce rühren und noch einmal abschmecken.

Schnell und fein

Kartoffel-Trüffel-Suppe

Für 4 Portionen

400 g mehlig kochende Kartoffeln
Salz, 2 Knoblauchzehen
1/2 l Geflügelfond
200 ml Sahne
frisch gemahlener Pfeffer, Majoran
2–4 TL Trüffelöl (je nach Intensität)
frischer Kerbel oder Majoran

🕐 30 Minuten

1 Kartoffeln schälen, würfeln und mit 1/4 Liter Salzwasser zum Kochen bringen. Knoblauch abziehen und dazupressen. 20 Minuten kochen lassen.

2 Die Suppe pürieren. Geflügelfond, die Hälfte der Sahne, Salz, Pfeffer und Majoran dazugeben und erhitzen. Vor dem Servieren die restliche Sahne steif schlagen und mit dem Trüffelöl einrühren. Mit den frischen Kräutern garnieren.

Nicht nur bei Kindern beliebt

Kartoffelpuffer

Für 4 Portionen
1 kg mehlig oder vorwiegend fest
kochende Kartoffeln
2 Zwiebeln
2 Eier, Salz
Öl oder Butterschmalz zum Braten

🕐 **50 Minuten**

1 Die Kartoffeln waschen, schälen
und in eine Schüssel reiben. Die
Zwiebeln abziehen und zu den Kartoffeln reiben. Die Eier und das Salz
dazugeben und vermischen.

2 Reichlich Öl oder Schmalz in ein
oder zwei Pfannen parallel erhitzen.
Den Kartoffelpufferteig esslöffel-
weise in das heiße Fett geben, etwas
ausstreichen und mit dem Pfannen-
wender flach drücken. Zuerst auf
der Unterseite, dann auf der Ober-
seite knusprig braun braten. Die fer-
tigen Puffer auf Küchenkrepp ent-
fetten und heiß servieren.

Tipp der Köchin

Achten Sie darauf, dass das Fett beim
Braten sehr heiß ist, damit die Puffer
nicht so viel Fett aufsaugen.

*Diesen selbst gemachten
Kartoffelpuffern kann
niemand widerstehen.*

Kartoffelpuffer
schmecken als ein-
faches Alltagsgericht
mit Apfelbrei, Sauer-
kraut oder Salat, aber
auch als Beilage zu vie-
len anderen Gerichten.

31

Die Gemüse-Kartoffel-
Stifte sind allein ein
schnelles Alltagsgericht,
eignen sich aber auch
als unkomplizierte Bei-
lage zu Fleisch, Fisch
oder Salat.

Mediterrane Bratkartoffeln

Kartoffelstifte mit Gemüse

Für 4 Portionen

600 g vorwiegend fest kochende
Kartoffeln
8 EL Olivenöl
Salz
400 g Zucchini
2 Knoblauchzehen
4 Frühlingszwiebeln
frisch gemahlener Pfeffer
50 g Bergkäse oder Appenzeller
2 Stängel Petersilie

🕐 **30 Minuten**

1 Kartoffeln waschen, schälen
und in dünne Stifte oder Scheiben
schneiden. Die Hälfte des Öls in
einer großen Pfanne erhitzen, die
Kartoffeln hineingeben, salzen und
unter gelegentlichem Rütteln zugedeckt 10 bis 15 Minuten braten.

*Am besten schmecken
zu den Kartoffelstiften
würzige Käsesorten.
Wenn Kinder mitessen,
verwenden Sie besser
eine mildere Sorte, z. B.
jungen Gouda.*

2 Inzwischen die Zucchini waschen
und in feine Stifte schneiden. Den

Knoblauch abziehen und fein wür-
feln. Das restliche Öl in einer kleinen
Pfanne erhitzen und Knoblauch und
Zucchini 5 bis 7 Minuten dünsten.

3 Die Frühlingszwiebeln waschen,
putzen und in feine Ringe schneiden. Die Zwiebeln zu den Zucchini
geben und weitere 5 Minuten dünsten. Mit Salz und Pfeffer würzen.

4 Das Gemüse mit den Kartoffeln
vermischen. Den Käse würfeln und
auf dem Gemüse verteilen. Den
Deckel auflegen und den Käse in
2 bis 3 Minuten schmelzen lassen.
Die Petersilie waschen, fein hacken
und darüber streuen.

Tipp der Köchin

Sie können die Kartoffelstifte auch
aus gekochten Kartoffeln – eventuell
Resten vom Vortag – zubereiten.
Wichtig ist, dass die Kartoffeln schön
knusprig sind, bevor Sie die Gemüse
dazugeben. Anstelle des Käses können
Sie auch Crème fraîche oder Kräuter-
Crème-fraîche verwenden.

Außergewöhnlich

Rotweinkartoffeln

Für 4 Portionen
1 kg Kartoffeln
40 g Butter
1 gestrichener EL Mehl
1/4 l heiße Gemüsebrühe
1/8 l Rotwein
1–2 EL scharfer Senf
Salz, frisch gemahlener Pfeffer
1 Bund Schnittlauch
100 g Sahne

🕐 **40 Minuten**

1 Die Kartoffeln waschen und in der Schale mit wenig Wasser in 20 bis 30 Minuten garen.

2 Die Butter in einem Topf erhitzen. Mehl einstreuen und unter Rühren rösten. Mit heißer Brühe ablöschen und glatt rühren. Rotwein und Senf einrühren; Sauce mit Salz und Pfeffer abschmecken und 5 bis 10 Minuten kochen lassen.

3 Kartoffeln pellen, in Scheiben schneiden und in die Sauce geben. Schnittlauch waschen und fein schneiden. Sahne einrühren und Schnittlauch darüber streuen.

Tipp der Köchin

Beim Kochen von Pellkartoffeln immer darauf achten, dass die Kartoffeln gleich groß sind.

Aus dem Rheinland

Himmel und Erde

Für 4 Portionen
1 kg mehlig kochende Kartoffeln
Salz, Muskatnuss
1–2 TL gekörnte Gemüsebrühe
2 große Zwiebeln
40 g Butter oder Öl
1 kg fein säuerliche Äpfel

🕐 **35 Minuten**

1 Die Kartoffeln schälen und würfeln und in etwa 1/2 Liter Wasser mit 1 Prise Salz, Muskat und Gemüsebrühe in 25 bis 30 Minuten sehr weich kochen lassen.

2 Inzwischen die Zwiebeln abziehen, in Streifen schneiden und in Butter oder Öl goldbraun braten.

3 Die Äpfel waschen, schälen, vom Kernhaus befreien und würfeln. Die Apfelwürfel unter die Kartoffeln mischen. Äpfel und Kartoffeln noch 5 Minuten garen lassen, bis die Äpfel weich sind. Mit Salz abschmecken. Die gebratenen Zwiebeln darüber geben oder untermischen.

Die Apfelbäume wachsen in den Himmel, die Kartoffeln unter der Erde – so erhielt dieses Gericht aus der deutschen Traditionsküche seinen Namen. Es ist eine perfekte Geschmackskombination zweier Klassiker und schmeckt solo, aber auch sehr gut als Beilage zu Gemüse oder Gebratenem.

Äpfel enthalten reichlich Pektine, die die Verdauung in Schwung halten.

Klassische indische Küche

Indische Gemüseplätzchen

Diese Kartoffel-Gemüse-Küchlein aus der indischen Küche schmecken besonders gut zu einem Salat mit einer Joghurtmarinade.

Für 4–6 Portionen

60 g Kichererbsenmehl (aus dem Asienladen; ersatzweise Weizenmehl)

Salz

1 TL Kurkuma

1 Prise Cayennepfeffer

1–2 EL Panch Puren (siehe Tipp)

2 EL Joghurt

1 Zwiebel

1 Knoblauchzehe

1 Stück frischer Ingwer (4 cm lang)

1 Frühlingszwiebel

300 g vorwiegend fest kochende Kartoffeln

200 g Brokkoli oder Blumenkohl

1 rote Paprikaschote

Öl zum Frittieren

🕐 **60 Minuten**

Die Gemüseplätzchen bekommen erst durch die richtigen Gewürze ihr typisch indisches Aroma.

1 Das Mehl mit Salz, Kurkuma, Cayennepfeffer und Panch Puren mischen. Mit dem Joghurt verrühren. Den Teig 30 Minuten ruhen lassen.

2 Zwiebel und Knoblauch abziehen und fein hacken. Den Ingwer schälen und fein würfeln. Die Frühlingszwiebel waschen, putzen und fein schneiden. Alles in den Teig einrühren.

3 Die Kartoffeln waschen, schälen, mittelgrob in den Teig raspeln und sofort einrühren. Brokkoli oder Blumenkohl und Paprika putzen, sehr klein schneiden und dazugeben.

4 In einer Pfanne 4 bis 5 Esslöffel Öl erhitzen. Aus der Masse mit einem Löffel kleine Portionen abnehmen, diese in die Pfanne setzen und von beiden Seiten goldbraun backen.

Variante

Die Plätzchen schmecken auch gut als Kartoffel-Spinat-Plätzchen: Nehmen Sie statt Brokkoli und Paprika etwa 250 Gramm frischen Spinat. Waschen, putzen und blanchieren Sie den Spinat. Danach fest ausdrücken und fein gehackt untermischen. Tiefgekühlten Blattspinat nach dem Auftauen ebenfalls ausdrücken und fein hacken.

Tipp der Köchin

Panch Puren ist eine typisch indische Gewürzmischung, die aus fünf verschiedenen Gewürzen fertig gemischt in Asienläden erhältlich ist. Sie besteht zu gleichen Teilen aus Senfkörnern, Zwiebelsamen, Fenchel, Schwarzkümmel und Bockshornklee. Wenn Sie sie nicht bekommen, mischen Sie sie aus den Einzelgewürzen selbst: Authentisch schmeckt sie, wenn jedes Gewürz separat leicht angeröstet wird, bevor man die Mischung herstellt.

Deftiges Wintergericht

Kartoffeln mit Wirsingstreifen

Kartoffeln schmecken auch fein in Trauben-kern- oder Olivenöl ge-braten, da die Aromen dieser Öle besonders gut mit den Kartoffeln harmonieren.

Für 4 Portionen

1 kg vorwiegend fest kochende Kartoffeln

600 g Wirsing (ersatzweise Weißkohl)

2 Zwiebeln

1 Bund Petersilie

2 EL Öl

Salz, frisch gemahlener Pfeffer

1 Prise gemahlener Kümmel

2 EL Schmalz

🕐 **40 Minuten**

Wirsing gehört zu den Blattgemüsen, die alle sehr viel Folsäure ent-halten. Damit dieses wichtige Vitamin nicht zerstört wird, das Gemü-se am besten nur kurz lagern.

1 Die Kartoffeln waschen und in wenig Wasser in etwa 20 Minuten nicht zu weich kochen.

2 Inzwischen den Wirsing putzen, dabei den Strunk und dicke Blattrippen ent-fernen.

3 Wirsing halbieren und in Streifen schneiden. Zwiebeln abziehen und fein würfeln. Petersilie waschen, trocknen und die Blätter hacken.

4 Das Öl erhitzen und die Zwiebeln darin goldbraun braten. Die Wir-singstreifen dazugeben, mit Salz, Pfeffer und Kümmel würzen und etwa 5 Minuten dünsten. 1 Tasse Wasser zugießen und das Gemüse zugedeckt in etwa 20 Minuten nicht ganz weich garen.

5 Die Kartoffeln abgießen und kalt abschrecken. Pellen und in Scheiben schneiden. Im heißen Schmalz knusprig braun braten.

6 Die Kohlstreifen und die Petersilie zu den Kartoffeln geben, vorsichtig vermischen und mit Salz und Pfeffer abschmecken.

Mit Tomaten und Oliven

Italienische Kartoffelpfanne

Für 4–6 Portionen

1 kg vorwiegend fest kochende Kartoffeln

40 g Butterschmalz

700 g reife Tomaten

4 Knoblauchzehen

4 EL Olivenöl

Salz, 1/2 TL getrockneter Oregano

2–3 EL braune oder schwarze Oliven

1 Bund Basilikum oder Petersilie

🕐 **60 Minuten**

1 Die Kartoffeln waschen, 20 bis 30 Minuten kochen und etwas abkühlen lassen. Dann pellen und in dünne Scheiben schneiden. Im heißen Schmalz knusprig braten.

2 Tomaten mit heißem Wasser überbrühen, häuten und die Stängelansätze entfernen. Das Fruchtfleisch würfeln.

3 Die Knoblauchzehen abziehen, fein würfeln und im heißen Öl goldbraun braten. Die Tomaten dazugeben und 10 Minuten leicht kochen lassen. Mit Salz und Oregano würzen. Die Oliven vom Stein schneiden, dazugeben und heiß werden lassen.

4 Basilikum oder Petersilie waschen, Blättchen abzupfen, fein schneiden und zur Hälfte in die Sauce einrühren. Zum Servieren die Sauce über die Kartoffeln geben und die restlichen Kräuter darüber streuen.

Tipp der Köchin

Bratkartoffeln aus gekochten Kartoffeln gelingen am besten, wenn diese völlig abgekühlt sind. Daher am besten Kartoffeln schon am Vortag kochen und bis zum Gebrauch im Kühlschrank aufbewahren.

Genießen Sie Kartoffeln wie in Italien.

Die bei uns erhältlichen schwarzen Oliven sind meist mit Eisenoxid schwarz gefärbt. Deshalb ziehen Feinschmecker die naturbelassenen dunkelbraunen Oliven vor.

Gratinierte Kartoffeln mit Brokkoli

Anstelle von Brokkoli passen auch andere Gemüsesorten in dieses Gericht, etwa Spinat, Zucchini, Erbsen oder Spargel.

Für 2–3 Portionen

500 g vorwiegend fest kochende Kartoffeln

300 g Brokkoli

1 Zwiebel

1 Knoblauchzehe

1 EL Öl

Salz

frisch gemahlener Pfeffer

geriebene Muskatnuss

100 g Sahne

2 Scheiben Gouda oder Emmentaler

🕐 40 Minuten

1 Die Kartoffeln waschen und in wenig Wasser oder im Dampf in etwa 20 Minuten gar kochen.

Brokkoli ist sehr praktisch für die schnelle Küche, da er in kurzer Zeit gar ist.

2 In der Zwischenzeit den Brokkoli waschen, putzen und in kleine Röschen zerteilen. Den Strunk fein würfeln. Zwiebel und Knoblauch

abziehen und fein hacken. Das Öl erhitzen und Knoblauch und Zwiebel goldbraun rösten.

3 Den Brokkoli und 1 Tasse Wasser dazugeben und zugedeckt 7 bis 10 Minuten dünsten. Den Deckel abnehmen. Mit Salz, Pfeffer und Muskat würzen. Die Pfanne zur Seite stellen.

4 Die Kartoffeln mit kaltem Wasser abschrecken, dann pellen und in Würfel oder Scheiben schneiden. Die Kartoffeln in die Pfanne mit dem Brokkoli geben und untermischen. Die Sahne angießen. Die Käsescheiben auf das Gemüse legen und in der Pfanne mit aufgelegtem Deckel schmelzen lassen.

Kartoffelpfanne mit Knoblauch und Pilzen

Für 4 Portionen

1 kg vorwiegend fest kochende Kartoffeln

6 EL Traubenkern- oder Olivenöl

1 Zweig Rosmarin oder 1 TL getrockneter Rosmarin

Salz

10 Knoblauchzehen

2 Frühlingszwiebeln

150 g Champignons

frisch gemahlener Pfeffer

1 Bund glatte Petersilie

🕐 40 Minuten

1 Kartoffeln schälen und würfeln. In einer Pfanne 4 Esslöffel Öl erhitzen, die Hälfte des Rosmarins und die Kartoffeln hineingeben. Kurz anbraten, salzen, und bei mittlerer Hitze und gelegentlichem Schütteln 10 Minuten zugedeckt braten.

2 Knoblauch abziehen, große Exemplare längs halbieren. Frühlingszwiebeln waschen, putzen und in Ringe schneiden. Pilze kurz abspülen und in Scheiben oder Viertel schneiden.

3 Von der Pfanne den Deckel abnehmen und die Kartoffeln weitere 10 Minuten unter gelegentlichem Rühren offen braten, bis sie goldbraun und knusprig sind.

4 In einer zweiten Pfanne das restliche Öl erhitzen und darin den restlichen Rosmarin, Knoblauch und Pilze 4 bis 5 Minuten anbraten. Die Frühlingszwiebeln dazugeben und noch 2 bis 3 Minuten dünsten. Mit Salz und Pfeffer würzen. Die Pilze mit den Kartoffeln mischen. Die Petersilie hacken und darunter mischen.

Vitaminstoß

Kartoffelpfanne mit Paprika und Spiegelei

Für 4 Portionen

800 g fest kochende Kartoffeln
2 rote Paprikaschoten
2 Knoblauchzehen
4 EL Olivenöl
4 Frühlingszwiebeln
Salz, frisch gemahlener Pfeffer
1 Bund Petersilie
1 EL Butter, 4 Eier

🕐 **60 Minuten**

1 Kartoffeln waschen, in wenig Wasser 20 bis 30 Minuten kochen. Paprika in Streifen schneiden. Knoblauch abziehen und durchpressen. Kartoffeln pellen und grob würfeln. Paprikaschoten und Knoblauch in heißem Öl unter gelegentlichem Rühren etwa 10 Minuten braten.

2 Die Frühlingszwiebeln in Ringe schneiden. Kartoffeln und Frühlingszwiebeln zu den Paprikastreifen geben und etwa 5 Minuten braten. Mit Salz und Pfeffer würzen. Die Petersilie hacken und dazugeben.

3 Die Butter in einer Pfanne erhitzen und aus den Eiern Spiegeleier braten. Mit dem Kartoffelgemüse servieren.

Eier sind eine optimale Eiweißergänzung als Beilage zu Kartoffelgerichten.

Besonders rote und gelbe Paprikaschoten enthalten viel Vitamin C und Beta-Karotin. Essen Sie sie daher am besten hin und wieder roh.

Als Beilage oder solo

Es soll Leute geben, die für gute Bratkartoffeln das feinste Sterne-Menü sausen lassen würden. Wer unsere Bratkartoffelrezepte ausprobiert, wird sich bald auch dazuzählen. Daneben empfehlen wir Ihnen noch viele einfache Beilagen, die nur aus wenigen Zutaten bestehen, für die aber gilt: Weniger ist oft mehr. Die Kombination von guten Kartoffeln mit feinem Olivenöl und würzigem Rosmarin ist perfekt und verträgt höchstens noch ein Stückchen Lammfleisch und ein Gläschen Rotwein als Begleitung. Außerdem gelingen Ihnen mit unseren Rezepten endlich das flaumigste Kartoffelpüree, krosse Pommes frites und die weltbesten – weil selbst gemachten – Kartoffelchips.

Ob gekochte oder rohe Kartoffeln – braten Sie nicht zu viele auf einmal, sondern geben Sie sie portionsweise in die Pfanne. Je weniger Kartoffeln in der Pfanne sind, desto besser ist das Ergebnis.

Geschälte rohe Kartoffeln sollten Sie wenn überhaupt dann nur kurz in kaltes Wasser legen, da sonst viele Vitamine und Mineralstoffe ausgeschwemmt werden.

Unübertroffen gut

Bratkartoffeln aus gekochten Kartoffeln

Für 4 Portionen

1 kg Kartoffeln
2 Zwiebeln
2 EL Butterschmalz, Schweineschmalz oder Öl
Salz

🕐 45 Minuten

1 Kartoffeln waschen, 20 bis 30 Minuten kochen und am besten über Nacht abkühlen lassen. Pellen und in feine Scheiben schneiden.

2 Die Zwiebeln abziehen und fein würfeln. Im heißen Fett goldbraun braten. Die Kartoffeln hineingeben. Bei mittlerer Hitze und vorsichtigem Wenden knusprig braten, salzen.

Heiß und knusprig

Bratkartoffeln aus rohen Kartoffeln

Für 4 Portionen

1 kg fest oder vorwiegend fest kochende Kartoffeln
2 EL Butterschmalz, Schweineschmalz oder Öl
Salz

🕐 25 Minuten

1 Die Kartoffeln schälen und in dünne Scheiben schneiden. Fett erhitzen und die Kartoffelscheiben unter gelegentlichem Wenden etwa 10 Minuten zugedeckt braten.

2 Dann den Deckel abnehmen, die Kartoffeln in wenigen Minuten knusprig braten und salzen.

Tipps der Köchin

• Für Bratkartoffeln eignen sich fest kochende und vorwiegend fest kochende Kartoffelsorten.
• Zum Braten kann man verschiedene Fettsorten verwenden. Am besten schmecken Bratkartoffeln mit Schweine- oder Butterschmalz oder Olivenöl.
• Bratkartoffeln sollten möglichst dünn geschnitten sein und eine mittelbraune Kruste haben. Zum Braten sind dafür am besten beschichtete oder gusseiserne Pfannen geeignet.
• Gekochte Kartoffeln sollten am besten kalt weiterverarbeitet werden.

Bratkartoffeln vom Blech

Für 4 Portionen
1 kg mittelgroße vorwiegend fest
oder mehlig kochende Kartoffeln
2 EL Kümmel
1 EL Salz
Olivenöl für das Blech
40 g Butter

🕐 **60 Minuten**

1 Die Kartoffeln waschen, gründlich bürsten und längs halbieren. Kümmel und Salz mischen.

2 Den Backofen auf 200 °C, (Umluft 180 °C, Gas Stufe 3–4) vorheizen und ein Backblech mit dem Olivenöl bestreichen.

3 Kartoffeln mit der Schnittfläche in die Kümmel-Salz-Mischung tauchen und mit der Schnittfläche nach oben auf das gefettete Blech setzen.

4 Die Butter in einem Pfännchen schmelzen und über die Kartoffeln träufeln.

5 Die Kartoffeln auf der mittleren Schiene des Backofens etwa 40 Minuten backen und heiß vom Blech servieren.

Pommes frites

Für 4–6 Portionen
1 kg vorwiegend fest kochende
Kartoffeln
1 l Sonnenblumen- oder Maiskeimöl
Salz

🕐 **40 Minuten**

1 Die Kartoffeln waschen, schälen und in 1 Zentimeter dicke Stifte schneiden. Die Kartoffeln auf ein Tuch legen und trockentupfen.

2 Das Öl in einer Fritteuse oder einem hochwandigen Topf auf 180 °C erhitzen. Die Kartoffelstifte in 4 Portionen in das heiße Öl geben und jeweils 4 bis 5 Minuten frittieren. Dann zum Abtropfen in ein Sieb oder auf Küchenkrepp geben.

3 Die vorfrittierten Pommes frites vor dem Servieren noch 1-mal 3 bis 4 Minuten frittieren, bis sie goldbraun und knusprig sind. Salzen und servieren.

Die französische Version der Bratkartoffeln begann ihren Siegeszug in den fünfziger Jahren und gehört seitdem zu den beliebtesten Kartoffelgerichten auf der ganzen Welt.

Geschälte rohe Kartoffeln werden schnell braun. Schälen und schneiden Sie sie daher erst kurz vor der Zubereitung.

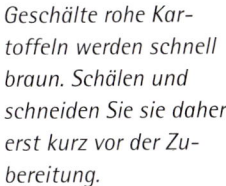

Nehmen Sie sich ein-
mal die Zeit, Chips
selbst zu machen. Sie
werden sehen – ohne
künstliche Aromen
schmecken sie nochmal
so gut. Am besten sind
sie übrigens lauwarm
aus der Pfanne.

*Je nach Geschmack kön-
nen Sie Ihre Kartoffel-
chips mit edelsüßem
oder scharfem Paprika-
pulver verfeinern.*

Unvergleichlich gut

Knusprige Kartoffelchips

Für 4 Portionen
2 große vorwiegend fest kochende
Kartoffeln
1 l Öl zum Frittieren
Salz
eventuell frisch gemahlener Pfeffer
eventuell edelsüßes Paprikapulver

🕐 30 Minuten

1 Die Kartoffeln waschen und dünn
schälen. Das Öl in einer Fritteuse
oder einem hochwandigen Topf auf
180 °C erhitzen.

2 Von den Kartoffeln mit einem
Sparschäler oder einem Hobel dünne
Scheibchen abschneiden und diese
einzeln in das heiße Fett gleiten
lassen.

3 Die Kartoffeln in 1 bis 2 Minuten goldbraun frittieren
und mit einem Schaumlöffel
auf Küchenkrepp legen und
abtropfen lassen.

4 Die Chips nach Belieben nur
mit Salz oder mit Salz und
Pfeffer oder auch Paprika
würzen.

Festliche Beilage

Kartoffelnester

Für etwa 10 Nester
1 kg vorwiegend fest oder mehlig
kochende Kartoffeln
Öl zum Frittieren

🕐 30 Minuten

1 Die Kartoffeln schälen und abspülen. Eine Schüssel mit kaltem
Wasser bereitstellen und die Kartoffeln über eine mittelgrobe Raspel
hineinraspeln. Kartoffeln abseihen,
auf ein Geschirrtuch geben und
trockentupfen.

2 In einer Fritteuse oder einem hohen Topf das Öl erhitzen. Zwei Siebe
von etwa 6 und 8 Zentimeter
Durchmesser kurz in das heiße Fett
tauchen. Das größere Sieb mit einer
dünnen Schicht Kartoffelraspeln
füllen, das kleinere Sieb fest darauf
drücken und die eingepressten Kartoffelstifte nacheinander goldbraun
ausbacken. Die gebackenen Nester
bis zum Servieren warm halten.

Tipp der Köchin

Mit diesen Kartoffelnestern, auch Kar-
toffelkörbchen genannt, wird aus einem feinen Fleischragout oder einem
Gemüsegericht mit Sauce ein festli-
ches Gericht, das als kleiner Haupt-
gang oder als Vorspeise in jedes Menü
passt.

Schweizer Rösti

Für 4 Portionen
700 g vorwiegend fest kochende
Kartoffeln
4 Stängel Petersilie
Salz, 2 EL Butterschmalz

🕐 **50 Minuten**

1 Die Kartoffeln waschen, in wenig
Wasser 20 bis 30 Minuten kochen
und abkühlen lassen. Dann pellen,
auf einer Reibe mittelgrob reiben.
Die Petersilie fein hacken und dazugeben. Salzen.

2 1 Esslöffel Butterschmalz in einer
großen Pfanne erhitzen. Die Kartoffeln hineingeben, 1 bis 2 Minuten
anbraten und dann mit einem Bratenwender leicht festdrücken. Den
Röstifladen unter gelegentlichem
Rütteln etwa 5 Minuten braten und
darauf achten, dass er nicht am
Pfannenboden anhängt.

3 Dann auf einen großen Teller
gleiten lassen. Den zweiten Esslöffel
Schmalz in die Pfanne geben, die
Rösti auf einen zweiten Teller stürzen, wieder in die Pfanne gleiten
lassen und auf der zweiten Seite
goldbraun braten. Zum Servieren in
Kuchenstücke zerteilen.

*Die Schweizer Rösti
schmecken auch solo
hervorragend.*

Rösti können aus ge-
kochten oder rohen
Kartoffeln zubereitet
werden. Wichtig ist,
dass Sie eine beschich-
tete oder gusseiserne
Pfanne verwenden, da-
mit die Rösti nicht an-
hängen und schön
knusprig werden.

Für viele Gäste

Folienkartoffeln mit Dips

Für 4 Portionen

8 mittelgroße mehlig oder vorwiegend fest kochende Kartoffeln
Pergamentpapier zum Einwickeln
Öl zum Bestreichen

🕐 **60 Minuten**

1 Die Kartoffeln gründlich waschen, abbürsten und in wenig Wasser 10 Minuten vorkochen. Den Backofen auf 220 °C (Umluft 200 °C, Gas Stufe 4) vorheizen.

2 Aus dem Pergamentpapier 8 Stücke schneiden und diese mit Öl bestreichen. Die Kartoffeln einzeln in das Papier wickeln, dabei die überstehenden Enden zusammendrehen.

3 Die Kartoffeln auf ein Blech legen und 25 bis 30 Minuten backen. Während die Kartoffeln backen, die Dips vorbereiten. Zum Servieren das Pergamentpapier etwas öffnen. Zu den Kartoffeln die Dips reichen.

Kaviar ist der gesalzene Rogen von Stör. Auch die Eier von anderen Fischarten sind essbar, dürfen aber nicht als Kaviar verkauft werden.

Kapern-Tomaten-Dip

1 Fleischtomate
4 EL Crème fraîche
1 EL Kapern
Salz, frisch gemahlener Pfeffer

Die Tomate brühen, häuten und das Fruchtfleisch würfeln. Mit der Crème fraîche und den Kapern verrühren. Mit Salz und Pfeffer abschmecken.

Hüttenkäse-Basilikum-Dip

1 Becher Hüttenkäse (200 g)
1 EL Olivenöl
8 Kirschtomaten
8 Basilikumblätter
Salz, frisch gemahlener Pfeffer

Den Hüttenkäse mit dem Öl verrühren. Die Tomaten waschen und vierteln. Die Basilikumblätter waschen und trockentupfen. Alles mischen. Mit Salz und Pfeffer würzen.

Kaviarsahne

250 g Sahnequark
Salz, frisch gemahlener Pfeffer
1 kleine Schalotte
1 kleine Gewürzgurke
1 kleines Glas Kaviar
8 kleine Dillzweige

Den Quark mit Salz und Pfeffer würzen. Die abgezogene Schalotte und die Gurke sehr fein hacken und in den Quark einrühren. Den Quark auf die Kartoffeln setzen und etwas Kaviar darauf geben. Mit je 1 Dillzweig garnieren.

Würzige Beilage

Rosmarinkartoffeln

Für 4 Beilagenportionen
600 g fest oder vorwiegend fest
kochende Kartoffeln
2 Zweige Rosmarin, ersatzweise 1 TL
getrockneter Rosmarin, Salz
4 EL Traubenkern- oder Olivenöl

🕐 30 Minuten

1 Die Kartoffeln schälen und in
1 Zentimeter große Würfel schneiden. Die Hälfte der Rosmarinnadeln
und die Kartoffelwürfel mit einer
Prise Salz im heißen Öl kurz anbraten lassen, dann umrühren, den
Deckel auflegen und bei mittlerer
Hitze und gelegentlichem Rütteln
etwa 10 Minuten braten.

2 Den Deckel abnehmen, restlichen
Rosmarin einstreuen und die Kartoffeln für weitere 10 Minuten bei
mittlerer Hitze offen braten, bis sie
goldbraun und knusprig sind.

Tipp der Köchin

Die Würfelkartoffeln schmecken besonders gut zu Lammfilets mit Rot-
weinsauce.

*Das würzige Aroma
von Rosmarin harmo-
niert hervorragend mit
Kartoffeln.*

Kartoffeln sollten im-
mer nur ganz dünn
geschält werden, da
direkt unter der Schale
wertvolle Inhaltsstoffe
sitzen.

Ob Kartoffelpüree, Kartoffelbrei, Kartoffelmus oder Quetschkartoffeln, mit diesen regionalen Bezeichnungen ist die cremige Kartoffelzubereitung mit Milch und Butter gemeint.

Kartoffelpüree

Für 4–6 Portionen

1 kg mehlig kochende Kartoffeln
Salz
250–300 ml Milch
eventuell 1 Prise geriebene Muskatnuss
eventuell 20 g Butter

🕐 30 Minuten

1 Die Kartoffeln dünn schälen, in Stücke schneiden und in wenig Salzwasser in 20 bis 25 Minuten weich kochen. Die Milch erhitzen.

2 Die Kartoffeln noch heiß durchpressen oder mit dem Kartoffelstampfer zerdrücken. Mit Salz und eventuell Muskat würzen. Die heiße Milch dazugießen und das Püree mit einem Schneebesen schaumig rühren. Eventuell noch ein Stückchen Butter unterrühren.

Durch die Zugabe von warmer Milch wird aus gestampften Kartoffeln ein cremiges Püree.

Kartoffel-Sellerie-Püree

Für 4 Portionen

500 g mehlig kochende Kartoffeln
500 g Sellerieknolle
1 Bund Petersilie
etwa 1/4 l Milch
40 g Butter
Salz, 1 Prise geriebene Muskatnuss

🕐 40 Minuten

1 Kartoffeln und Sellerie waschen, dünn schälen, fein würfeln und in wenig Wasser in 15 bis 20 Minuten weich kochen. Die Petersilie waschen, trocknen und fein hacken. Die Milch erhitzen.

2 Kartoffeln und Sellerie durch eine Presse in eine Schüssel drücken. Butter, Salz und Muskat dazugeben und so viel heiße Milch einrühren, dass ein cremiges Püree entsteht. Das Püree noch einmal abschmecken und mit der Petersilie bestreut servieren.

Tipps der Köchin

• Verwenden Sie für Kartoffelpüree nie neue Kartoffeln, da diese zu wässrig sind. Das Püree würde nicht locker. Für Kartoffelpüree eignen sich am besten mehlig kochende und etwas gelagerte, vorwiegend fest kochende Sorten.
• Gießen Sie das restliche Kartoffelwasser nicht weg! Trinken Sie es abgekühlt als Gesundheitstrunk, oder verarbeiten Sie es in einer Suppe.
• Die Butterzugabe verfeinert das Püree. Wer Fett sparen möchte, lässt die Butter einfach weg.

Kartoffelschmarren

Für 4–6 Portionen
1 kg fest oder vorwiegend
fest kochende Kartoffeln
4 Zwiebeln
4 EL Schmalz
Salz
1 TL Kümmel
1 Bund Petersilie

🕑 45 Minuten

1 Die Kartoffeln waschen, in wenig Wasser 20 bis 30 Minuten kochen, dann abkühlen lassen. Pellen und mittelgrob reiben oder stifteln.

2 Die Zwiebeln abziehen, fein würfeln und in dem heißen Schmalz glasig dünsten. Die Kartoffeln, Salz und Kümmel dazugeben und die Kartoffeln unter gelegentlichem Wenden goldbraun braten.

3 Die Petersilie waschen, fein hacken und über den Kartoffelschmarren streuen.

Tipp der Köchin

Wenn Sie für den Kartoffelschmarren gekochte Kartoffeln vom Vortag verwenden, wird er zum superschnellen Hauptgericht: Servieren Sie eine große Schüssel Salat dazu oder Sauerkraut, das in Bayern traditionell dazu gegessen wird.

Meerrettichkartoffeln

Für 4 Portionen
700 g vorwiegend fest kochende Kartoffeln
200 g frischer Meerrettich
40 g Butter
3/4 l Milch
Salz

🕑 40 Minuten

1 Die Kartoffeln waschen, dünn schälen und in feine Scheiben schneiden. Den Meerrettich waschen, dünn schälen und reiben.

2 Die Butter erhitzen und den Meerrettich darin andünsten. Mit der Milch ablöschen und die Kartoffeln dazugeben. Das Gemüse salzen und in 20 bis 25 Minuten weich kochen. Dabei einige Male umrühren, damit das Gemüse nicht anhängt.

Am besten passen die Meerrettichkartoffeln zu gekochtem Rindfleisch. Dazu serviert man noch eingemachte Preiselbeeren.

Frischer Meerrettich verfärbt sich durch Luftkontakt schnell braun. Daher sollten Sie ihn erst kurz vor der Zubereitung schälen und reiben.

Pellkartoffeln mit Quarksaucen

Für 4 Portionen
1 kg fest oder mehlig
kochende Kartoffeln

🕐 **35 Minuten**

Die beiden Schlankmacher Kartoffel und Quark ergänzen sich perfekt und helfen beim Abnehmen.

Die Kartoffeln waschen und in wenig Wasser oder im Dampf, je nach Größe, 20 bis 30 Minuten garen. Die gekochten Kartoffeln abgießen und auf der ausgeschalteten Herdplatte ausdampfen und trocknen lassen. Die Kartoffeln pellen und mit einer der folgenden Quarksaucen servieren.

Tipp der Köchin

Pellkartoffeln nach dem Kochen abschrecken, dadurch kühlen sie schneller ab und lassen sich leichter schälen.

Joghurt-Kräuter-Creme

1/2 Salatgurke
500 g cremiger Joghurt
Salz, frisch gemahlener Pfeffer
1 Bund Dill

Hier haben Sie die Wahl zwischen zwei leckeren Quarksaucen, die zusammen mit Pellkartoffeln eine einfache Hauptmahlzeit ergeben.

Die Salatgurke waschen, nach Belieben schälen und fein raspeln. Die Gurke in den Joghurt einrühren und die Creme mit Salz und Pfeffer würzen. Den Dill waschen, trocknen, fein schneiden und untermischen.

Paprikaquark mit Rucola

1 rote Paprikaschote
1 gelbe Paprikaschote
1 EL Öl
300 g Quark
1 Becher Crème fraîche
Salz
frisch gemahlener Pfeffer
1 Bund Rucola oder glatte Petersilie

1 Die Paprikaschoten waschen und putzen. Die Schoten halbieren, Trennwände und Kerne entfernen und das Fruchtfleisch fein würfeln. In einem kleinen Topf das Öl erhitzen, die Paprikawürfel darin andünsten und mit 1/8 Liter Wasser aufgießen. Bei niedriger Hitze 10 bis 15 Minuten zugedeckt kochen lassen, bis die Stücke weich sind und das Wasser fast verkocht ist.

2 Die gekochten Paprika mit der verbliebenen Flüssigkeit noch warm in den Quark einrühren. Die Crème fraîche untermischen, mit Salz und Pfeffer würzen. Rucola oder Petersilie waschen, abtropfen lassen, fein hacken und untermischen.

Varianten
• Anstelle der Paprika etwa 100 Gramm rohes fein gehacktes Sauerkraut unterrühren.
• Anstelle der Paprika gewürfelte Tomaten mit Basilikum in den Quark einrühren.
• Den Quark ohne Paprika und Rucola anrichten, dazu – wie im Spreewald – gehackte Zwiebeln und Leinöl reichen.

Klöße und Gnocchi

Deutsche Klöße und Knödel sind weltberühmt. Jede Region und – zumindest in früheren Zeiten – jede Hausfrau hat ihre eigenen Rezepte. Und die Kartoffel spielt auch hier die Hauptrolle: Von den bayerischen Kartoffel-Semmel-Knödeln über die schwäbischen Kartoffelklöße bis zu den gefüllten Kartoffelklößen, deren Ursprung irgendwo in Thüringen zu suchen ist. Die österreichisch-böhmischen Knödel sind bis nach Norditalien vorgedrungen, von wo sie als Kräuter- und Spinatgnocchi wieder zu uns zurückkamen. Und Rezepte für so beliebte Sonderformen wie Schupfnudeln und Kartoffelplätzchen finden Sie hier natürlich auch.

Zum Schweinebraten

Kartoffelklöße halb und halb

Für 4–6 Beilagenportionen
1 1/2 kg mehlig kochende Kartoffeln
Salz
150 g Mehl
2 Eier
Mehl zum Formen

🕐 **70 Minuten**

1 Die Hälfte der Kartoffeln waschen und mit der Schale in wenig Wasser in 20 bis 30 Minuten weich kochen. Die restlichen Kartoffeln waschen, schälen, in Salzwasser legen und zugedeckt beiseite stellen.

2 Die gekochten Kartoffeln abgießen, mit kaltem Wasser abschrecken und leicht auskühlen lassen. Die rohen Kartoffeln auf ein Geschirrtuch reiben und gut ausdrücken. Die ausgedrückten Kartoffeln in eine Schüssel geben.

Die gekochten Kartoffeln abziehen und durch eine Presse auf die rohen geriebenen Kartoffeln drücken.

3 In einem ausreichend großen Topf etwa 2 Liter Wasser zum Kochen bringen und salzen. Mehl, Eier und etwas Salz unter die Kartoffelmasse mischen und sehr gut einarbeiten.

4 Aus der Kartoffelmasse mit bemehlten Händen Klöße von etwa 5 Zentimeter Durchmesser formen und diese portionsweise in dem siedenden Wasser 15 bis 20 Minuten ziehen lassen. Mit einem Schaumlöffel herausnehmen, abtropfen lassen und servieren.

Tipp der Köchin

Knödel bleiben beim Servieren trocken, wenn Sie in die Schüssel unter die Knödel eine umgedrehte Untertasse legen.

Knödel können auch sehr gut in einem Siebeinsatz über Dampf gegart werden.

Eier, die garantiert nicht aus Legebatterien stammen, bekommen Sie am ehesten im Naturkostladen. Achten Sie ansonsten auf die Bezeichnung »aus Freilandhaltung«.

Zu Fleisch mit Sauce

Kartoffelklöße aus gekochten Kartoffeln

Für 4 Beilagenportionen

500 g mehlig kochende Kartoffeln

2 kleine Eier

100–120 g Mehl

Salz, geriebene Muskatnuss

Mehl zum Wenden

🕐 **60 Minuten**

1 Die Kartoffeln in der Schale in wenig Wasser oder Dampf etwa 20 bis 30 Minuten weich kochen. Dann abschrecken, pellen und durch eine Presse drücken oder auf einer Reibe fein zerkleinern.

2 Die Kartoffelmasse mit Eiern, Mehl, Salz und Muskat vermischen. So viel Mehl einarbeiten, dass der Kartoffelteig nicht zu feucht wird, aber noch weich ist.

3 Aus dem Teig etwa 3 Zentimeter dicke Rollen formen, diese in 2 Zentimeter lange Stücke schneiden. Jedes Stück mit den Händen zu einem Kloß formen und in wenig Mehl wenden.

4 In einem ausreichend großen Topf 2 bis 3 Liter Wasser erhitzen und salzen. Die Klöße portionsweise in das kochende Wasser geben, die Hitze reduzieren und die Klöße ziehen lassen, bis sie an der Oberfläche schwimmen. Die Klöße aus dem Wasser heben und abtropfen lassen.

Zur Weihnachtsgans

Kartoffelklöße aus rohen Kartoffeln

Für 4–6 Beilagenportionen

1/2 l Milch

Salz

125 g Grieß

1 kg mehlig kochende Kartoffeln

🕐 **60 Minuten**

1 Die Milch leicht salzen und zum Kochen bringen, den Grieß einstreuen, 1-mal aufkochen lassen, von der Kochstelle nehmen und in 20 bis 30 Minuten ausquellen lassen.

2 In der Zwischenzeit die Kartoffeln waschen, schälen, fein reiben und die Masse in ein Geschirrtuch geben. Die Kartoffeln fest auspressen. Etwa 2 Liter Wasser zum Kochen bringen und salzen.

3 Die ausgepressten Kartoffeln mit dem Grieß verrühren und die Masse mit Salz abschmecken. Aus dem Teig eine Rolle formen, diese in gleichmäßige Stücke schneiden. Mit nassen Händen Klöße formen, diese in das kochende Salzwasser geben und in etwa 15 Minuten bei schwacher Hitze gar ziehen lassen.

In die Klöße aus gekochten Kartoffeln können Sie beim Formen auch entsteinte, mit einem Stück Zucker gefüllte Zwetschgen oder Aprikosen geben. Die gegarten Klöße dann mit brauner Butter und Zimtzucker als süßes Hauptgericht (doppelte Menge) servieren.

Ob Sie Klöße aus gekochten oder aus rohen Kartoffeln lieber mögen, müssen Sie selbst ausprobieren. Wenn Sie sich nicht entscheiden können, bleibt noch die Alternative »Kartoffelklöße halb und halb«.

Kombiklöße

Kartoffel-Semmel-Knödel

Für 4–6 Beilagenportionen

1 kg mehlig kochende Kartoffeln
Salz
3 Brötchen
1/2 l Milch
2 Eier
1 Bund Petersilie oder Schnittlauch

🕐 **90 Minuten**

1 Die Kartoffeln waschen, dünn schälen und in eine Schüssel mit Salzwasser legen. Die Brötchen in Scheiben schneiden. Milch und Eier verquirlen, über die Brötchen gießen und diese quellen lassen.

Die Kartoffel-Semmel-Knödel sind besonders in Süddeutschland sehr beliebt. Schon mit einer einfachen Pilzsauce sind sie ein Gedicht.

2 Die Kartoffeln auf ein sauberes Geschirrtuch reiben, möglichst viel Flüssigkeit ausdrücken und die Kartoffeln zu den Brötchen geben. Petersilie oder Schnittlauch waschen, trockenschütteln und fein schneiden.

3 Die Kräuter und etwas Salz zur Kartoffelmasse geben und alles gründlich vermischen. 2 Liter Wasser zum Kochen bringen und salzen.

4 Mit nassen Händen aus der Masse Knödel von 4 bis 5 Zentimeter Durchmesser formen. Die Knödel portionsweise in das schwach siedende Wasser geben und in 25 bis 30 Minuten gar ziehen lassen.

Tipp der Köchin

Bei Klößen und Knödeln lohnt es sich, gleich die doppelte Menge zuzubereiten. Restliche Klöße oder Knödel schmecken nämlich sehr gut in Scheiben geschnitten und in der Pfanne gebraten. Sie lassen sich aber auch einfrieren.

Grüne Knödelchen

Kräuterklößchen

Für 4–6 Beilagenportionen

500 g mehlig kochende Kartoffeln
250 g Spinat (tiefgekühlt)
100 g altbackene Brötchen
1 Bund Petersilie
1 Bund Schnittlauch oder andere Kräuter
2 Eier
150 g Mehl
Salz

🕐 **60 Minuten**

1 Die Kartoffeln in wenig Wasser 20 bis 30 Minuten kochen. Abkühlen lassen. In der Zwischenzeit den Spinat auftauen lassen. Die Brötchen würfeln und mit etwa 1/4 Liter Wasser begießen.

2 Die Kartoffeln pellen und fein reiben. Die Brötchen gründlich ausdrücken und zu den Kartoffeln geben. Den Spinat ausdrücken, fein hacken und ebenfalls dazugeben.

3 Die Kräuter waschen und fein hacken. Eier mit Kräutern und Mehl in den Kartoffelteig einrühren. Eventuell noch Mehl oder Wasser einrühren.

4 2 Liter Wasser zum Kochen bringen und salzen. Aus dem Teig kleine Knödel formen, portionsweise in das Wasser geben und in leicht siedendem Wasser 10 bis 15 Minuten ziehen lassen.

Tipp der Köchin

Wenn Sie nicht sicher sind, ob der Teig die richtige Konsistenz hat, können Sie einen kleinen Probekloß garen und danach, wenn nötig, den Teig mit Mehl, Grieß oder Semmelbröseln fester oder mit Milch oder Sahne weicher machen.

Die kleinen Kräuterklöße sind eine raffinierte Variante der Kartoffel-Semmel-Knödel.

Diese würzigen Klöße ergeben – z. B. mit einer Käse- oder Tomatensauce – eine feine vegetarische Mahlzeit.

Schwäbische Kartoffelklöße

Dieses schwäbische Hausrezept ist eine gelungene Mischung aus Kartoffeln, Brötchen, Speck und Kräutern.

Für 4–6 Beilagenportionen

1 kg mehlig kochende Kartoffeln
3 Brötchen
400 ml Milch
1 große Zwiebel
100 g durchwachsener Speck
1 Bund Schnittlauch
1 Bund Petersilie
1 großes Ei
120–150 g Mehl
Salz, geriebene Muskatnuss
50 g Toastbrot
1 EL Butter

🕐 **70 Minuten**

1 Die Kartoffeln in wenig Wasser 20 bis 30 Minuten kochen. Abkühlen lassen. In der Zwischenzeit die Brötchen in eine Schüssel geben und die Milch darüber gießen.

Brötchen und Milch gibt's nicht nur zum Frühstück; sie werden auch für die schwäbischen Kartoffelklöße gebraucht.

2 Die Kartoffeln pellen und in eine Schüssel pressen. Die Zwiebel abziehen und fein würfeln. Den Speck würfeln, in einer Pfanne auslassen, und darin die Zwiebeln goldbraun braten. Die Speck-Zwiebel-Mischung zu den Kartoffeln geben.

3 Die Kräuter waschen, fein schneiden und untermischen. Das Ei und so viel Mehl einarbeiten, dass ein geschmeidiger Teig entsteht. Mit Salz und Muskat würzen. 2 Liter Wasser zum Kochen bringen.

4 Das Toastbrot würfeln, in der Butter knusprig braten und zum Teig geben. Die eingeweichten Brötchen ausdrücken und zusammen mit den Brotwürfeln in den Teig einarbeiten. Klöße formen, portionsweise in das Wasser geben und 10 bis 15 Minuten ziehen lassen.

Tipp der Köchin

Für Klöße eignen sich am besten mehlig kochende Kartoffeln. Ersatzweise können Sie auch vorwiegend fest kochende Sorten verwenden.

Gefüllte Kartoffelklöße

Für 4–6 Beilagenportionen

1 kg mehlig kochende Kartoffeln
1 kleine Zwiebel
1 Bund Petersilie
150 g Mehl
1–2 EL Grieß
2 Eier, Salz
2 altbackene Brötchen
40 g Butter

🕐 **70 Minuten**

1 Die Kartoffeln in wenig Wasser 20 bis 30 Minuten kochen. Abkühlen lassen. In der Zwischenzeit die Zwiebel abziehen und fein hacken. Die Petersilie waschen, trockentupfen und fein hacken.

2 Die abgekühlten Kartoffeln pellen und durchpressen oder fein reiben. Dann mit Mehl, Grieß, Eiern, Zwiebeln, der Hälfte der Petersilie und Salz zu einem geschmeidigen Teig verarbeiten (je nach Größe der Eier mehr oder weniger Grieß zugeben).

3 2 Liter Wasser zum Kochen bringen und salzen. Für die Füllung die Brötchen würfeln und in der Butter knusprig braten. Die restliche Petersilie untermischen.

4 Vom Teig eigroße Portionen abnehmen, in der Handfläche flach drücken, etwa 1 Esslöffel Füllung in die Mitte legen, den Teig über der Füllung zusammendrücken und gleichmäßige Klöße formen. Diese portionsweise in das Wasser geben und in leicht siedendem Wasser 10 bis 15 Minuten ziehen lassen.

Variante
Anstelle von Brötchen schmecken auch angebratene Schinkenwürfel oder Pilze sehr gut als Füllung.

Die Kartoffelklöße sind mit kross gebratenen Brötchenwürfeln gefüllt.

Klößchen auf italienisch

Kartoffelgnocchi mit Champignonsauce

Bereiten Sie gleich die doppelte Menge Gnocchi zu, und frieren Sie die Hälfte ein. Damit Sie nie mehr zu den geschmacksfreien Fertigprodukten greifen müssen...

Für 4 Portionen

Für die Gnocchi:

750 g mehlig kochende Kartoffeln

150–200 g Hartweizengrieß

2–3 TL Salz

2 Eier

Für die Sauce:

200 g Sahne

200 g Champignons

1 Knoblauchzehe

1 Bund Schnittlauch

🕐 **80 Minuten**

Die Champignonsauce, die zu den Kartoffelgnocchi serviert wird, sollten Sie nicht zu sehr würzen, damit das Aroma der Pilze voll zur Geltung kommt.

1 Die Kartoffeln in wenig Wasser 20 bis 30 Minuten kochen. Pellen und noch warm durch eine Presse drücken oder erkaltet fein reiben und in eine Schüssel geben.

2 Grieß, Salz und Eier dazugeben und alles vermischen. Aus dem Teig etwa 3 Zentimeter dicke Rollen formen, davon 2 Zentimeter breite Stücke abschneiden und mit einer Gabel leicht flach drücken.

3 In einem großen Topf etwa 2 Liter Salzwasser zum Kochen bringen. Für die Sauce die Sahne in einem flachen Topf erhitzen. Pilze waschen, putzen, fein schneiden und dazugeben. Knoblauch abziehen und hineinpressen. Die Sahne etwa um 1/3 einkochen lassen.

4 Die Gnocchi portionsweise in das kochende Wasser geben und bei schwacher Hitze etwa 5 Minuten ziehen lassen. Die Gnocchi herausnehmen und abtropfen lassen.

5 Den Schnittlauch waschen, fein schneiden und in die Sauce einrühren. Die Sauce noch einmal mit Salz abschmecken und zu den Gnocchi servieren.

Tipp der Köchin

Sie können die Gnocchi auch mit der Sauce bedecken und in einer flachen Form gratinieren, bis die Oberfläche leicht bräunt.

Varianten

Anstelle der Pilzsauce passen dazu auch eine schnelle Gorgonzola- oder eine Tomaten-Sahne-Sauce.

Aus Oberitalien

Spinatgnocchi

Für 4 Portionen

600 g mehlig kochende Kartoffeln
500 g Spinat
1 große Zwiebel
80 g Butter
150 g Parmesan oder Pecorino
100 g Ricotta oder Quark
200–250 g Hartweizengrieß
Salz, frisch gemahlener Pfeffer
geriebene Muskatnuss

🕐 2 Stunden

1 Die Kartoffeln in wenig Wasser 20 bis 30 Minuten kochen. Etwas abkühlen lassen. Den Spinat waschen, abtropfen lassen und grob hacken.

2 Die Zwiebel abziehen, fein würfeln und in der Hälfte der Butter andünsten. Den Spinat dazugeben und 5 Minuten dünsten, dabei alle Flüssigkeit verdunsten lassen. Dann beiseite stellen und abkühlen lassen.

3 Die Kartoffeln pellen und lauwarm durch eine Presse in eine Schüssel drücken oder fein reiben. Den Käse fein reiben. Den Spinat hacken.

4 Spinat, Ricotta, Grieß und etwa 2/3 von dem Käse mit den Kartoffeln verrühren. Die Masse mit Salz, Pfeffer und Muskat würzen und zu einem glatten, geschmeidigen Teig verrühren. Den Teig etwa 30 Minuten kühl stellen.

5 In einem großen Topf etwa 2 Liter Wasser zum Kochen bringen und salzen. Aus dem Teig etwa 3 Zentimeter dicke Rollen formen, davon 2 Zentimeter breite Stücke abschneiden und diese mit einer Gabel leicht flach drücken.

6 Den Backofen auf 200 °C (Umluft 180 °C, Gas Stufe 3–4) oder den Grill vorheizen. Die Gnocchi portionsweise in das kochende Wasser geben und etwa 5 Minuten bei schwacher Hitze ziehen lassen, dann herausnehmen und abtropfen lassen.

7 Die Gnocchi in eine flache Auflaufform geben. Den restlichen Parmesan darüber streuen. Die restliche Butter schmelzen und darüber träufeln. Die Gnocchi 3 bis 4 Minuten überbacken, bis der Käse leicht gebräunt ist.

In Italien heißen diese feinen Spinatknödel »Strangolapreti« (= Priesterwürger), vielleicht weil Hochwürden nicht genug davon bekommen kann

Wenn Sie keinen frischen Spinat bekommen, können Sie auch tiefgekühlten Blattspinat verwenden.

Feine Beilage

Feine Beilage

Kartoffelkroketten

Für 4–6 Beilagenportionen
1 kg mehlig kochende Kartoffeln
Salz, geriebene Muskatnuss
1 Ei
40 g Butter
4–5 EL (40–50 g) Mehl
1 Tasse Semmelbrösel zum Panieren
Öl zum Ausbacken

🕐 70 Minuten

1 Die Kartoffeln schälen, in Stücke schneiden und in wenig Salzwasser in 20 bis 25 Minuten weich kochen. Die Kartoffeln noch heiß durch eine Presse in eine Schüssel drücken. Mit Salz und Muskat würzen.

2 Das Ei trennen, das Eiweiß zum Panieren beiseite stellen. Die weiche Butter und das Eigelb in die Kartoffelmasse rühren. So viel Mehl unterrühren, dass ein gut formbarer Teig entsteht.

3 Das Eiweiß mit etwas Salz in einem Schälchen schaumig schlagen. Aus dem Kartoffelteig walnussgroße Kugeln oder Röllchen formen, diese nacheinander in Eiweiß und Semmelbröseln wenden.

4 Reichlich Öl erhitzen und die Kroketten darin portionsweise goldbraun braten. Die Kroketten mit einem Schaumlöffel herausnehmen und auf Küchenkrepp abtropfen lassen.

Aus Süddeutschland

Schupfnudeln

Für 4 Beilagenportionen
1 kg mehlig kochende Kartoffeln
2 Eier
Salz, geriebene Muskatnuss
100–120 g Mehl
1 Zwiebel
40 g Butter oder Schmalz

🕐 70 Minuten

1 Die Kartoffeln in wenig Wasser weich kochen. Abschrecken, pellen und durch eine Presse drücken. Mit Eiern, Salz, Muskat und so viel Mehl vermischen, dass ein gut formbarer Teig entsteht.

2 2 bis 3 Liter Salzwasser erhitzen. Aus dem Teig eine 4 Zentimeter dicke Rolle formen und von dieser 1 Zentimeter dicke Scheiben abschneiden. Diese zu etwa 6 Zentimeter langen Würstchen rollen, bei denen die Enden spitz zulaufen.

3 Die Schupfnudeln portionsweise im siedenden Wasser 3 bis 4 Minuten ziehen lassen. Herausnehmen, abtropfen lassen und warm halten. Die Zwiebel abziehen, in feine Streifen schneiden, im heißen Fett braten und zu den Schupfnudeln geben.

Die Schupfnudeln schmecken auch angebraten mit Zwiebeln, Rührei und Feldsalat.

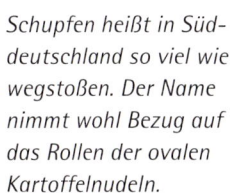

Schupfen heißt in Süddeutschland so viel wie wegstoßen. Der Name nimmt wohl Bezug auf das Rollen der ovalen Kartoffelnudeln.

Gefüllte Kartoffelkugeln

Die Kartoffelkugeln schmecken am besten mit Salat und einem Joghurtdip. Sie schmecken warm und kalt und passen deshalb auch gut auf ein kaltes Büfett.

Für 4 Portionen

1 kg Kartoffeln

4 Eier

100 g Grieß

Salz, frisch gemahlener Pfeffer

geriebene Muskatnuss

2 Zwiebeln

40 g Butter

150 g gekochtes Fleisch und/oder Schinken, Pilze, Gemüse

1 Bund Petersilie

Sonnenblumenöl zum Frittieren

🕐 60 Minuten

1 Die Kartoffeln in wenig Wasser 20 bis 30 Minuten kochen. Abkühlen lassen, pellen und auf einer Reibe oder mit einem Mixstab fein zerkleinern. Mit den Eiern und dem Grieß vermischen. Mit Salz, Pfeffer und Muskat würzen.

Die gefüllten Kartoffelkugeln sind eine ideale Resteverwertung für Kartoffeln, Gemüse und Fleisch vom Vortag.

2 Die Zwiebeln abziehen, fein würfeln und in der Butter goldbraun braten. Fleisch, Schinken oder Gemüse fein schneiden und zu den Zwiebeln geben. Die Petersilie waschen, abtropfen lassen, fein schneiden und untermischen. Mit Salz und Pfeffer würzen.

3 Den Kartoffelteig zu einer Rolle formen und in 16 bis 20 Portionen aufteilen. Je 1 Teigportion in die Handfläche legen, flach drücken, 1 Portion der Füllung hineinlegen und den Teig zu einer Kugel zusammendrücken.

4 Die Fritteuse auf 180 °C einstellen oder in einem Topf mit kleinem Durchmesser etwa 1/4 Liter Sonnenblumenöl erhitzen. Die Kartoffelkugeln darin goldbraun frittieren und auf Küchenkrepp abtropfen lassen. Heiß servieren oder ganz abkühlen lassen.

Variante

Füllen Sie die Kartoffelkugeln auch einmal nach griechischer Art mit Resten von gebratenem Lammfleisch, gehackten schwarzen Oliven und zerbröckeltem Schafskäse. Besonders gut schmeckt diese Version, wenn Sie in den Kartoffelteig anstelle der Petersilie fein gehackte Rosmarinnadeln mischen.

Dekorative Beilage

Kartoffelplätzchen

Für 4 Beilagenportionen

500 g mehlig kochende Kartoffeln
1 Ei
50 g Mehl
Salz, geriebene Muskatnuss
20 g durchwachsener Speck
1 Zwiebel
1 Bund Petersilie oder Schnittlauch
Butterschmalz zum Braten

🕐 **40 Minuten**

1 Die Kartoffeln in wenig Wasser 20 bis 30 Minuten weich kochen.

Dann abschrecken, pellen und durch eine Presse drücken oder auf einer Reibe fein zerkleinern.

2 Die Kartoffelmasse mit Ei, Mehl, Salz und Muskat mischen. Den Speck würfeln. Die Zwiebel abziehen und fein hacken.

3 Den Speck auslassen und die Zwiebel darin goldbraun braten. Petersilie oder Schnittlauch waschen und fein hacken. Alles mit der Kartoffelmasse vermischen.

4 Aus dem Kartoffelteig kleine Plätzchen formen und diese in Butterschmalz goldbraun braten.

Die Kartoffelplätzchen sind schnell gemacht und schmecken auch solo köstlich.

65

Mit Fleisch, Fisch oder Ei

Mit Ei wird die Kartoffel zur kompletten Mahlzeit – eine Kombination, die auch Ernährungswissenschaftler immer wieder wärmstens empfehlen und die die Spanier berühmt gemacht haben: Die Kartoffeltortilla steht wohl in jeder spanischen Bar auf der Tapa-Theke. Mit Fleisch und Fisch wird die Kartoffel zum Sonntagsessen: Klassisch als Zürcher Geschnetzeltes mit Rösti oder als Schweinebraten mit Karamellkartoffeln oder fein und leicht mit Zanderfilet in der Kartoffelkruste. Griechisch inspiriert ist die Kombination mit Lamm, Wein und Knoblauch, aus Südfrankreich kommt die Kombination mit Seefisch und Tomatensauce.

Üppig

Bauernfrühstück

Ein so reichhaltiges Frühstück brauchten Bauern allenfalls in früheren Zeiten. Heute kann man es Skifahrern und Wanderern als gute Grundlage zum Start in einen anstrengenden Tag empfehlen.

Für 4 Portionen

800 g vorwiegend fest kochende Kartoffeln

1 große Zwiebel

100 g durchwachsener Speck

1–2 EL Schmalz

2–3 Eier

2 EL Sahne

Salz, geriebene Muskatnuss

1 Bund Petersilie

🕐 **60 Minuten**

1 Die Kartoffeln in wenig Wasser 20 bis 30 Minuten kochen und abkühlen lassen. Dann pellen und in feine Scheiben schneiden. Die Zwiebel abziehen und in feine Streifen schneiden. Den Speck würfeln.

2 Schmalz erhitzen und Speck und Zwiebel darin hellbraun braten. Die Kartoffeln dazugeben und knusprig braten.

3 Eier und Sahne verquirlen. Mit Salz und Muskat würzen. Die Petersilie waschen, fein hacken und unterrühren. Die Eiersahne gleichmäßig über die Kartoffeln gießen und zugedeckt bei schwacher Hitze in 4 bis 5 Minuten stocken lassen.

Bei uns wird meist die krause Petersilie verwendet. Die glatte hat allerdings ein feineres Aroma.

Aus der Schweiz

Röstiomelett

Für 4 Portionen

600 g vorwiegend fest kochende Kartoffeln

Salz, Butterschmalz zum Braten

2 Eier

2 EL Sahne

2 EL geriebener Käse

2 Stängel Petersilie

🕐 **30 Minuten**

1 Die Kartoffeln waschen, dünn schälen, in feine Stifte hobeln oder mittelgrob raspeln und salzen.

2 1 bis 2 Esslöffel Schmalz erhitzen, die Kartoffeln hineingeben, leicht andrücken und unter gelegentlichem Schütteln etwa 10 Minuten bei mittlerer Hitze braten.

3 Eier mit Sahne und Käse verrühren. Die Petersilie waschen, sehr fein hacken und untermischen.

4 Den Röstifladen auf einen großen Teller gleiten lassen. Einen weiteren Esslöffel Schmalz in die Pfanne geben, die Rösti auf einen zweiten Teller stürzen und wieder in die Pfanne gleiten lassen.

5 Die Rösti etwa 5 Minuten braten lassen. Dann die Eiersahne gleichmäßig darüber gießen. Die Pfanne rütteln. Die Rösti bei schwacher Hitze zugedeckt weitere 5 Minuten braten.

Aus Spanien

Tortilla mit Gemüse

Für 4 Portionen
600 g vorwiegend fest kochende
Kartoffeln
3–4 EL Olivenöl
500 g Zucchini
200 g Porree
4–5 Eier
2–3 EL Milch
Salz, Pfeffer, 1 Prise Safran

🕐 30 Minuten

1 Kartoffeln schälen und in 1 Zentimeter große Würfel schneiden. Öl erhitzen und Kartoffeln darin unter gelegentlichem Rühren 10 Minuten zugedeckt braten.

2 Zucchini waschen und in Stifte schneiden. Porree putzen, waschen und in Streifen schneiden. Beides zu den Kartoffeln geben und 5 bis 7 Minuten dünsten.

3 Die Eier mit Milch, Salz, Pfeffer und Safran verquirlen. Über das Gemüse verteilen und zugedeckt in 4 bis 5 Minuten stocken lassen. Entweder gleich servieren oder auf einen Teller stürzen, noch einmal etwas Öl erhitzen, und die Tortilla auch auf der zweiten Seite braten.

Die Tortilla können Sie mit Gemüse Ihrer Wahl abwandeln.

Eine spanische Tortilla ist ein Eierkuchen aus verquirltem Ei mit Salz. Zum Nationalgericht wurde die Tortilla de patatas oder Tortilla española aus Ei und Kartoffeln.

Ein Schweizer Nationalgericht

Zürcher Geschnetzeltes mit Rösti

Das Original wird aus dem feinsten Kalbfleisch zubereitet, das man aus der Kalbsnuss schneidet. Das ist allerdings ein teures Vergnügen. Für den Alltag sind Puten- oder Schweinefleisch günstiger und schmecken fast genauso gut.

Für 4 Portionen
Für die Rösti:
700 g vorwiegend fest kochende Kartoffeln
Salz
1 TL frische oder getrocknete Thymianblättchen
4 EL Butterschmalz
Für das Geschnetzelte:
1 Zwiebel
500 g Puten- oder Schweinefleisch
250 g Champignons
4 EL Sonnenblumenöl
200 g Sahne
1/4 l Weißwein
2 TL Mehl
200 g Erbsen (tiefgekühlt)
Salz, frisch gemahlener Pfeffer
1 Prise Currypulver
1 Bund Petersilie

Im Gegensatz zu den meisten Kräutern verträgt Thymian auch lange Garzeiten, ohne an Aroma zu verlieren.

🕐 40 Minuten

1 Die Kartoffeln schälen, abspülen und in feine, gleichmäßige Streifen schneiden oder hobeln. Mit Salz und Thymian vermischen.

2 In einer beschichteten Pfanne 2 Esslöffel Schmalz erhitzen. Die Kartoffeln in die Pfanne geben, 1 bis 2 Minuten braten, dann mit einem Bratenwender fest drücken, die Pfanne rütteln und die Rösti 4 bis 5 Minuten bei mittlerer Hitze zugedeckt weiterbraten.

3 Inzwischen die Zwiebel abziehen und fein würfeln. Das Fleisch in feine Streifen schneiden. Die Pilze kurz unter fließendem Wasser abspülen und in Scheiben schneiden.

4 Den Deckel von der Pfanne abnehmen, die Rösti vom Pfannenboden lösen und auf einen Teller gleiten lassen. Einen zweiten Teller darauf legen und die Rösti stürzen. Das restliche Schmalz in der Pfanne erhitzen, die Rösti wieder hineingleiten lassen und nochmals 4 bis 5 Minuten braten, dabei die Pfanne hin und wieder rütteln, damit die Rösti nicht anhängen.

5 In einer zweiten Pfanne das Öl erhitzen und die Zwiebel darin bei mittlerer Hitze hellbraun braten.

6 Das Fleisch dazugeben, kurz anbraten. Dann Pilze und Sahne einrühren. Den Wein mit dem Mehl verrühren und angießen. Die Erbsen einstreuen und alles zugedeckt 2 bis 3 Minuten leicht kochen lassen.

7 Das Geschnetzelte mit Salz, Pfeffer und Curry würzen. Die Petersilie waschen, fein schneiden und einrühren.

Schweinebraten mit Karamellkartoffeln

Für 4-6 Portionen

Für den Schweinebraten:

2 große Zwiebeln
4 Knoblauchzehen
4 Stangen Staudensellerie
1 kg Schweinefleisch aus der Keule
Salz, frisch gemahlener Pfeffer
1 Prise gemahlener Kümmel
2 EL Öl oder Schmalz
1/4 l Brühe
2 TL Speisestärke
4 Stängel glatte Petersilie

Für die Karamellkartoffeln:

700 g kleine vorwiegend fest
kochende Kartoffeln
100 g Zucker
50 g Butter
Salz, geriebene Muskatnuss

🕐 **90 Minuten**

1 Zwiebeln und Knoblauch abziehen und würfeln. Den Sellerie waschen, Fäden abziehen und die Stangen fein schneiden. Das Fleisch waschen, trockentupfen und mit Salz, Pfeffer und Kümmel einreiben.

2 Öl oder Schmalz in einem großen Bratentopf erhitzen und das Fleisch von allen Seiten scharf anbraten. Zwiebeln und Knoblauch dazugeben, die Hitze reduzieren und die Zwiebeln leicht bräunen. Die Selleriestücke dazugeben und mit der Brühe aufgießen. Den Deckel auflegen und das Fleisch bei niedriger

Hitze zugedeckt etwa 1 Stunde schmoren lassen. Sollte zu viel Flüssigkeit verdunsten, noch 1 bis 2 Tassen Wasser nachgießen.

3 Inzwischen die Kartoffeln waschen und in wenig Wasser oder im Dampf in etwa 20 Minuten nicht zu weich kochen. Die Kartoffeln abschrecken und pellen.

4 In einer Pfanne den Zucker erhitzen, bis er flüssig und dann hellbraun wird. Mit 1/8 Liter Wasser ablöschen. Butter, Salz und Muskat einrühren. Die Kartoffeln hineingeben und darin schwenken.

5 Das Fleisch auf eine Platte legen und einige Minuten zugedeckt ruhen lassen. Die Sauce durch ein Sieb in einen kleinen Topf gießen, mit Salz und Pfeffer würzen. Speisestärke mit 1/2 Tasse kaltem Wasser glatt rühren, in die Sauce geben und diese kurz aufkochen lassen.

6 Die Petersilie waschen, trocknen, fein schneiden und einrühren. Das Fleisch mit einem scharfen Messer gegen die Faser aufschneiden. Mit den Kartoffeln und der Sauce servieren.

In das Kochwasser von Pellkartoffeln kann man einige Kümmelsamen geben. Dann schmecken sie würziger.

Zucker brauchen Sie nicht nur zum Kuchenbacken. Kartoffeln bekommen durch ihn eine ganz besondere Note.

Dekorativ und leicht

Putenragout im Kartoffelrand

Der Kartoffelrand ist eine Möglichkeit, auch einfachere Gerichte hübsch zu servieren: Für Vegetarier füllen Sie ihn z. B. mit buntem, in Butter geschwenktem Gemüse und reichen eine Käsesauce separat dazu.

Für 4 Portionen
Für den Kartoffelrand:
1 kg mehlig kochende Kartoffeln
Salz
50 g Parmesan oder Manchego
60 g Butter
3 Eier
geriebene Muskatnuss
Butter und Semmelbrösel für die Form
Für das Ragout:
400 g Putenfleisch
250 g Möhren
2 Zwiebeln
2 Knoblauchzehen
2 EL Butterschmalz
1/8 l Weißwein
Salz, frisch gemahlener Pfeffer
1 Messerspitze Currypulver
1 TL Speisestärke
200 g Sahne
200 g Erbsen (tiefgekühlt)
4 Stängel Petersilie
250 g Kirschtomaten

🕐 **90 Minuten**

1 Die Kartoffeln waschen, schälen und in wenig Salzwasser in 25 bis 30 Minuten weich kochen. Ausdampfen lassen, durch eine Presse drücken und abkühlen lassen.

2 Inzwischen den Käse fein reiben und mit Butter und Eiern in die Kartoffelmasse rühren. Mit Salz und geriebener Muskatnuss würzen. Den

Hier isst das Auge mit: Für Gäste ist das Putenragout im Kartoffelrand ein delikates Hauptgericht.

Backofen auf 200 °C (Umluft 180 °C, Gas Stufe 3–4) vorheizen.

3 Eine glatte Ringform gut mit Butter einfetten und mit Semmelbröseln ausstreuen. Den Kartoffelteig einfüllen und glatt streichen. Auf der mittleren Schiene des Backofens 25 bis 30 Minuten backen.

4 Inzwischen das Fleisch würfeln. Die Möhren waschen, bürsten oder schälen und in kleine Würfel schneiden. Zwiebeln und Knoblauch abziehen und fein schneiden.

5 Das Schmalz erhitzen, Zwiebeln und Knoblauch darin goldbraun braten. Die Fleischwürfel dazugeben und unter Rühren anbraten. Mit dem Wein ablöschen und mit Salz, Pfeffer und Curry würzen.

6 Die Speisestärke mit Sahne verrühren. Erbsen und Sahne zum Fleisch geben und noch 4 bis 5 Minuten leicht kochen lassen. Die Petersilie fein hacken und einrühren.

7 Den Kartoffelrand mit einem Messer vom Rand lösen, auf eine vorgewärmte Platte stürzen und das Ragout in die Mitte füllen. Mit halbierten Kirschtomaten garnieren.

Variante
Nehmen Sie statt Puten- einmal Kalbfleisch, und geben Sie zusätzlich 250 Gramm blättrig geschnittene, in Butter gebratene Champignons zum Ragout.

Fürs festliche Menü

Senfnierchen mit Herzoginkartoffeln

Diese übergrillten Kartoffelhäufchen hat einst der französische Meisterkoch Auguste Escoffier für die Herzogin von Kent ersonnen. Sie sind zwar etwas arbeitsaufwändig herzustellen, belohnen die Mühe aber mit ihrem dekorativen Aussehen.

Für 4 Portionen

500 g mehlig kochende Kartoffeln

500 g Kalbsnieren

2 Eigelbe

50 g Butter

30–40 g Mehl

Salz, geriebene Muskatnuss

2 El Butterschmalz

1/8 l Weißwein

200 g Crème fraîche

2–3 EL Dijon-Senf

🕐 **60 Minuten**

1 Die Kartoffeln waschen und in wenig Wasser 20 bis 30 Minuten kochen. Die Nieren längs halbieren und Sehnen, Röhren und Fett mit einem spitzen Messer gründlich entfernen. Die Nieren abspülen und für mindestens 30 Minuten in kaltes Wasser legen.

Je nach Belieben können Sie zwischen mildem, mittelscharfem und scharfem Senf wählen.

2 Die Kartoffeln abschrecken, pellen und durch eine Presse drücken. Die Kartoffelmasse mit den Eigelben und der Butter verrühren. So viel Mehl einarbeiten, dass ein nicht zu weicher Teig entsteht. Mit Salz und Muskat würzen.

3 Den Backofen auf 200 °C (Umluft 180 °C, Gas Stufe 3–4) schalten. Ein Backblech mit Backpapier auslegen. Den Kartoffelteig in einen Spritzbeutel füllen und 3 bis 4 Zentimeter große Häufchen auf das Blech spritzen. Die Herzoginkartoffeln auf der mittleren Schiene des Backofens in 10 bis 15 Minuten goldgelb backen.

4 Die Nieren mit Küchenkrepp trockentupfen und in 5 Millimeter dünne Scheiben schneiden. Das Butterschmalz erhitzen, die Scheiben darin unter Rühren 3 bis 4 Minuten anbraten. Mit dem Wein ablöschen. Mit Salz würzen. Die Crème fraîche und den Senf einrühren, die Sauce abschmecken und zu den Herzoginkartoffeln servieren.

Deftige deutsche Küche

Bäckerofe

Für 4 Portionen

je 200 g Schweine- und Lammschulter

Salz, Pfeffer, Thymian

40 g Schmalz für die Form

4 Zwiebeln

2 Knoblauchzehen

1 Stange Porree

700 g vorwiegend fest kochende Kartoffeln

40 g Butter

1/4 l trockener Weißwein

1 Bund Petersilie

🕐 **2 Stunden**

1 Das Fleisch würfeln und mit Salz, Pfeffer und Thymian mischen. Eine Auflaufform mit dem Schmalz fetten. Den Backofen auf 200 °C (Umluft 180 °C, Gas Stufe 3–4) vorheizen.

2 Zwiebeln und Knoblauch abziehen, Porree waschen und putzen. Alles in Streifen schneiden. Die Kartoffeln waschen, schälen und in 4 bis 5 Millimeter dicke Scheiben schneiden. Das Gemüse salzen.

3 Die Auflaufform lagenweise mit Gemüse, Kartoffelscheiben und Fleisch füllen, zuletzt eine Schicht Kartoffelscheiben schuppenförmig auflegen. Die Butter in Flöckchen darauf verteilen und den Wein darüber gießen.

4 Den Auflauf auf der mittleren Schiene des Backofens 70 bis 80 Minuten backen. Die Petersilie waschen, fein hacken und darüber streuen.

Tipp der Köchin

Zusätzlich passen in diesen Auflauf auch getrocknete eingelegte Tomaten oder Oliven.

Feiner Eintopf

Lamm-Kartoffel-Topf

Für 4–6 Portionen

1 kg Lammkeule oder -schulter
500 g Zwiebeln
4 Knoblauchzehen
4 EL Olivenöl
1/8 l Weiß- oder Rotwein
500 g vorwiegend fest kochende Kartoffeln
200 g Möhren
200 g Staudensellerie
Salz, Pfeffer, Zimt
1 Bund Petersilie

🕐 **60–70 Minuten**

1 Das Fleisch würfeln. Zwiebeln und Knoblauch abziehen und fein schneiden. Das Fleisch im heißen Öl von allen Seiten anbräunen. Zwiebeln und Knoblauch dazugeben und anbraten. Wein und 1/2 Liter Wasser aufgießen und das Fleisch zugedeckt bei schwacher Hitze etwa 30 Minuten schmoren.

2 Kartoffeln, Möhren und Sellerie schälen, würfeln, zum Fleisch geben und weitere 30 Minuten schmoren. Mit Salz, Pfeffer und Zimt würzen. Die Petersilie waschen, hacken und darüber streuen.

Der Bäckerofe stammt aus dem Elsass bzw. aus Baden. Er wurde früher im noch heißen Brotbackofen gebacken, nachdem die Brote fertig waren.

Knoblauch ist bekannt für seine vielen Heilwirkungen. Verwenden Sie ihn daher ruhig großzügig.

75

Das Kartoffeleiweiß ist besonders hochwertig. Vor allem, wenn es noch mit tierischem Eiweiß aus Milch, Ei oder Fisch kombiniert wird, übersteigt ein Kartoffelgericht bei weitem den Eiweißwert eines Schnitzels. Im Gegensatz zu diesem erhöht es aber den Blutfettspiegel nicht.

Frischen Fisch, fertig filetiert, bekommen Sie an der Fischtheke im Supermarkt. Sie können aber auch tiefgekühlte Filets kaufen.

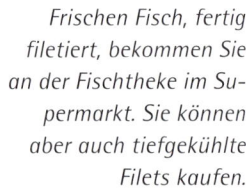

Leicht und lecker

Kartoffel-Fisch-Ragout

Für 4 Portionen

500 g vorwiegend fest kochende Kartoffeln
4 EL Olivenöl
250 g Brokkoli
4 Tomaten
1 Bund glatte Petersilie
600 g Fischfilet (z. B. Seelachs, Kabeljau, Viktoriabarsch)
2 EL Zitronensaft
Salz, frisch gemahlener Pfeffer
50 g Mehl
20 g Butter
1 große Knoblauchzehe
1 TL Oregano
200 g Sahne
200 ml Milch

🕐 **40 Minuten**

1 Die Kartoffeln waschen, schälen und in 1 Zentimeter große Würfel schneiden. Im heißen Öl unter Rühren anbraten, dann zugedeckt bei mittlerer Hitze etwa 10 Minuten braten.

2 Den Brokkoli waschen, putzen, in Röschen zerteilen und den Strunk würfeln. Den Brokkoli zu den Kartoffeln geben und zugedeckt 7 bis 10 Minuten dünsten.

3 Inzwischen die Tomaten mit heißem Wasser überbrühen und einige Minuten ziehen lassen. Tomaten häuten und das Fruchtfleisch würfeln, dabei die grünen Stielansätze entfernen. Die Petersilie waschen, trocknen und fein hacken.

4 Die Fischfilets waschen, trockentupfen und mit dem Zitronensaft beträufeln. Die Filets in 2 bis 3 Zentimeter große Würfel schneiden, salzen, pfeffern und in dem Mehl wenden.

5 Das Gemüse auf die Seite schieben, die Butter in der Mitte der Pfanne zergehen lassen und die Fischwürfel unter vorsichtigem Wenden 5 bis 6 Minuten gar braten.

6 Den Fisch mit den Kartoffeln vermischen, alles auf eine Platte legen und zum Warmhalten in den Backofen stellen.

7 Den Knoblauch abziehen und fein hacken. Mit den Tomatenwürfeln in die Pfanne geben und 2 bis 3 Minuten kochen lassen.

8 Mit Salz, Pfeffer und Oregano würzen und Sahne, Milch und Petersilie einrühren. Die Tomatensauce über das Fischragout gießen.

Feine Schnellküche

Zander in Kartoffelkruste

Für 4 Portionen

4 mittelgroße Zanderfilets
(etwa 600 g)

Salz

1–2 EL Zitronensaft

2 vorwiegend fest kochende
Kartoffeln

1 Prise Thymian

frisch gemahlener Pfeffer

Mehl zum Panieren

1 Ei

1–2 EL Butterschmalz zum Braten

🕐 **30 Minuten**

1 Die Fischfilets unter kaltem Wasser abspülen, trockentupfen, salzen und mit Zitronensaft beträufeln. Die Kartoffeln schälen, in feine Stifte hobeln und mit Thymian und etwas Salz vermischen.

2 Den Fisch leicht pfeffern und in Mehl und verquirltem Ei wenden, dann die Kartoffelstifte als dünne Panade andrücken.

3 In einer beschichteten Pfanne das Butterschmalz erhitzen und die panierten Filets bei mittlerer Hitze auf jeder Seite 5 bis 7 Minuten braten, bis die Kartoffelstifte goldbraun sind.

In der Kartoffelumhüllung bleibt das zarte Zanderfilet besonders saftig.

Mit einem Gemüsehobel lassen sich die Kartoffelstifte leicht herstellen.

Aus dem Ofen

Sahniges französisches Kartoffel-gratin kennt wohl jeder. Aber wie oft machen Sie es selbst? Mit unserem einfachen Rezept gelingt es Ihnen sicher. Aber nicht nur solo, sondern auch mit anderen Gemüsen geschichtet und überbacken, schmeckt die Kartoffel aus dem Ofen. Aus Schweden stammt die Version mit Anchovisfilets und viel Sahne namens »Janssons Versuchung«. Aus dem Backofen kommen aber auch die süßen Kartoffelrezepte: besonders saftiges Kastenbrot und Torten mit Schokolade, Nüssen und Mandeln.

Klassiker

Kartoffelgratin

Dieses klassische französische Kartoffelgratin können Sie mit Gemüsen, ja sogar mit Früchten der Saison immer wieder variieren: Schichten Sie einmal hauchdünne Scheiben von Äpfeln, Zucchini, Kohlrabi oder Sellerie oder klein geschnittene Frühlingszwiebeln dazwischen.

Für 4–6 Portionen

1 kg vorwiegend fest kochende Kartoffeln

200 g Sahne

1/4 l Milch

Salz, frisch gemahlener Pfeffer

geriebene Muskatnuss

1 Knoblauchzehe

100 g Emmentaler oder Greyerzer

1 EL Butter

🕐 **70 Minuten**

1 Den Backofen auf 220 °C (Umluft 200 °C, Gas Stufe 4) schalten und eine flache feuerfeste Form darin anwärmen.

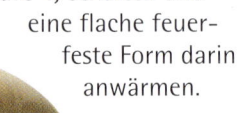

Mahlen Sie Pfeffer am besten immer frisch; er hat dann ein viel besseres Aroma und ist auch länger haltbar.

2 Die Kartoffeln waschen und in 2 bis 3 Millimeter feine Scheiben hobeln. Die Sahne mit der Milch verrühren und mit Salz, Pfeffer und Muskat würzen. Die Knoblauchzehe abziehen, durch eine Presse drücken und einrühren. Den Käse reiben.

3 Die Form aus dem Backofen nehmen. Die Butter auf dem Boden der Form zergehen lassen. Eine dünne Schicht Kartoffeln dachziegelartig auf den Boden der Form legen. Einen Teil des Käses darauf streuen. Die restlichen Kartoffeln in weiteren Schichten in die Form legen und mit einer Käseschicht enden.

4 Die Sahnemischung gleichmäßig über die Kartoffeln gießen und die Form mit Alufolie abdecken. Das Gratin auf der unteren Schiene des Backofens etwa 35 Minuten garen. Die Alufolie abnehmen und das Kartoffelgratin noch 10 bis 15 Minuten gratinieren, bis die Oberfläche goldbraun und knusprig ist.

5 Mit einer Gabel einstechen und prüfen, ob die Kartoffeln gar sind, ansonsten noch einige Minuten im Ofen lassen.

Tipp der Köchin

Sie können die Garzeit verkürzen, wenn Sie vorgekochte Kartoffeln verwenden. Das Original aus rohen Kartoffeln schmeckt jedoch wesentlich besser.

Schweizer Gratin

Raclette-Gemüse-Gratin

Für 4–6 Portionen

800 g kleine vorwiegend fest
kochende Kartoffeln

1 Zwiebel

1 kleine Stange Porree

200 g Champignons

1 mittelgroßer Zucchino

1 rote Paprikaschote

6 EL Olivenöl

1 Bund Petersilie

Salz

frisch gemahlener Pfeffer

8–12 dünne Scheiben Raclettekäse

🕐 40 Minuten

1 Die Kartoffeln waschen und in
wenig Wasser oder Dampf knapp
gar kochen. Inzwischen die Zwiebel
abziehen und in feine Streifen
schneiden. Den Porree längs halbieren, gründlich waschen und in Streifen schneiden.

2 Die Pilze waschen, putzen und in
Scheiben schneiden. Den Zucchino
waschen und in dünne Scheiben
schneiden. Die Paprikaschote waschen, Trennwände und Kerne entfernen und die Schote in feine
Streifen schneiden.

3 Das Öl erhitzen und Zwiebeln
und Pilze 3 bis 4 Minuten darin anbraten. Porree, Zucchini und Paprika
dazugeben und noch etwa 5 Minuten dünsten. Die Petersilie waschen,
trocknen und fein hacken. Das

Gemüse mit der Petersilie
vermischen und mit
Salz und Pfeffer
vorsichtig ab-
schmecken (der Käse
würzt zusätzlich).

4 Den
Backofen
auf 220 °C
(Umluft
200 °C,
Gas Stufe
4) vorhei-
zen und eine
flache Auflauf-
form darin anwärmen.
Die Form aus dem Ofen
nehmen. Die Kartoffeln abgießen,
abschrecken, pellen und je nach
Größe 1- oder 2-mal halbieren.
Lagenweise Kartoffeln, Gemüse und
Käse in die Auflaufform schichten.
Mit einer Käseschicht enden.

5 Das Gratin auf der mittleren
Schiene des Backofens 5 bis 10 Minuten überbacken, bis der Käse ge-
schmolzen ist.

Tipp der Köchin

Diese Raclette-Gemüse-Variante können Sie auch in einem elektrischen
Raclettegerät zubereiten, bei dem Sie
mit den Pfännchen auf dem Gerät das
Gemüse garen und anschließend un-
terhalb der Heizschlange mit den Kartoffeln und dem Käse überbacken
können.

*Zucchini schmecken am
besten, wenn sie eine
Länge von 15 bis 20 Zen-
timeter haben.*

Nehmen Sie für dieses
Gratin Gemüse der
Saison: Auch Aubergi-
nenscheiben, grüner
Spargel, Erbsen und
Frühlingszwiebeln passen
gut zu den Kartoffeln.

Zu diesem Auflauf passen sehr gut Pfifferlinge oder Champignons mit einer Kräuter-Sahne-Sauce.

Unbehandelt sind Oliven nicht essbar; sie enthalten eine extrem bittere Substanz. Erst durch verschiedene Fermentationsverfahren und durch Einlegen in Salzlake werden sie genießbar.

Vegetarisches Hauptgericht

Sahniger Kartoffel-Gemüse-Auflauf

Für 4–6 Portionen

1 kg mehlig oder vorwiegend fest kochende Kartoffeln
2 Zwiebeln
4 Knoblauchzehen
1 kleine Stange Porree
1 Bund Petersilie
100 g schwarze oder dunkelbraune Oliven
100 g Parmesan
50 g Butter
200 g Kräuter-Crème-fraîche
etwa 1/8 l Milch oder Sahne
Salz, frisch gemahlener Pfeffer
1 Prise geriebene Muskatnuss

🕐 **60 Minuten**

1 Die Kartoffeln waschen und in wenig Wasser oder im Dampf 20 bis 25 Minuten weich kochen. Die Kartoffeln abschrecken, pellen und durch eine Presse drücken.

2 Den Backofen auf 200 °C (Umluft 180 °C, Gas Stufe 3–4) vorheizen. Eine flache Auflaufform zum Anwärmen hineinstellen. Zwiebeln und Knoblauch abziehen und fein schneiden. Den Porree längs durchschneiden, gründlich waschen und in Streifen schneiden. Die Petersilie waschen und fein hacken. Die Oliven entsteinen und fein hacken.

3 Den Käse reiben und mit der Hälfte der Butter und der Crème fraîche in die Kartoffeln rühren. So viel Milch oder Sahne einrühren, dass die Masse geschmeidig wird. Mit Salz, Pfeffer und Muskat würzen.

4 Die Form aus dem Ofen nehmen und die restliche Butter darin zerlassen. Das vorbereitete Gemüse mit der Kartoffelmasse vermischen und in die Form streichen. Den Auflauf auf der mittleren Schiene des Backofens 35 bis 40 Minuten backen.

Varianten

Zusätzlich passen in diesen Auflauf einige fein gewürfelte getrocknete Tomaten. Anstelle von Porree können nen Sie auch Auberginen oder Zucchini verwenden. Diese würfeln und kurz in Olivenöl anbraten.

Sommerlich leicht

Kartoffel-Spargel-Gratin

Für 4 Portionen

1 kg mehlig kochende Kartoffeln
1 kg grüner oder weißer Spargel
Salz, 1 Prise Zucker
2 Tomaten
4 Stängel Petersilie
100 g Gouda oder Emmentaler
1 EL Butter für die Form
100 g Sahne
frisch gemahlener Pfeffer

🕐 **50 Minuten**

1 Die Kartoffeln waschen und 20 bis 30 Minuten kochen. Spargel waschen, eventuell schälen und in Stücke schneiden (Spitzen beiseite legen). Die Spargelstücke in 1/4 Liter Wasser mit Salz und Zucker etwa 10 Minuten dünsten. Dann herausnehmen.

2 Die Tomaten brühen, häuten und in Scheiben schneiden, dabei die Stielansätze entfernen. Die Petersilie waschen, trocknen und fein schneiden. Den Käse reiben.

3 Den Backofen auf 200 °C (Umluft 180 °C, Gas Stufe 3) schalten. Eine Auflaufform mit Butter einfetten.

4 Die Kartoffeln abschrecken, pellen, in Scheiben schneiden und auf dem Boden der Auflaufform verteilen. Jeweils die Hälfte von dem Käse und der Petersilie darauf verteilen. Spargelstücke, -spitzen und Tomaten auf die Kartoffelschicht setzen. Den restlichen Käse über das Gratin streuen.

5 Die Sahne mit Salz und Pfeffer würzen und gleichmäßig über die Zutaten gießen.

6 Das Gratin im Backofen auf der mittleren Schiene etwa 15 Minuten gratinieren. Vor dem Servieren die restliche Petersilie darüber streuen.

Zur Spargelsaison müssen Sie unbedingt das Kartoffel-Spargel-Gratin ausprobieren.

Mit Fisch

Schwedischer Kartoffelauflauf

Für 4 Portionen

1 kg vorwiegend fest kochende Kartoffeln

250 g Zwiebeln

Salz, frisch gemahlener Pfeffer

400 g Sahne

50 g Anchovisfilets in Öl

2 EL Semmelbrösel

🕐 **90 Minuten**

Dieses raffinierte Kartoffelgericht ist auch unter dem Namen »Janssons Versuchung« bekannt.

1 Die Kartoffeln schälen und in 5 Millimeter feine Stifte oder Scheiben schneiden. Die Zwiebeln abziehen und in feine Streifen schneiden. Die Hälfte der Kartoffeln mit den Zwiebeln vermischen, leicht salzen und pfeffern und in eine flache Auflaufform legen. Die restlichen Kartoffeln mit der Sahne und etwas Salz in eine Schüssel geben.

Kopfsalat sollten Sie möglichst nicht im Winter, also aus Treibhausanbau kaufen. Denn dann enthält er sehr viel Nitrat.

2 Den Backofen auf 220 °C (Umluft 200 °C, Gas Stufe 4) vorheizen. Die Anchovisfilets fein schneiden und auf der Kartoffel-Zwiebel-Mischung verteilen. Die Kartoffel-Sahne-Mischung darauf geben und mit einem Löffel gut festdrücken.

3 Die Semmelbrösel darüber streuen und den Auflauf auf der mittleren Schiene des Backofens etwa 50 Minuten backen. Mit einer Gabel einstechen und eine Garprobe machen. Den Auflauf bei Bedarf noch einige Minuten im Ofen lassen.

Beilagentipp
Dazu passt am besten grüner oder gemischter Salat.

Schmeckt nach Urlaub

Gratinierte Kartoffelstifte mit Zucchini

Für 4 Portionen

500 g vorwiegend fest kochende Kartoffeln

300 g Zucchini

100 g Champignons

4 Frühlingszwiebeln oder

1 kleiner Porree

2 Knoblauchzehen

Salz, frisch gemahlener Pfeffer

1 TL Kräuter der Provence

200 g Sahne

3 EL Pinienkerne

🕐 **60 Minuten**

1 Die Kartoffeln waschen und mit der Schale in wenig Wasser 20 bis 30 Minuten kochen. Abschrecken und abkühlen lassen. Den Backofen auf 220 °C (Umluft 200 °C, Gas Stufe 4) vorheizen.

2 Kartoffeln pellen, Zucchini waschen und beides in feine Streifen hobeln. Champignons putzen, kurz unter fließendem Wasser abspülen, trockentupfen und in kleine Stücke schneiden. Frühlingszwiebeln waschen, putzen und in feine Streifen schneiden. Knoblauch abziehen und auf das Gemüse pressen. Das Gemüse mit Salz, Pfeffer und Kräutern würzen.

3 Das Gemüse mischen und in eine flache Auflaufform geben. Die Sahne darüber gießen. Pinienkerne darüber streuen. Die Form auf die mittlere Schiene des Backofens schieben und das Gratin 20 bis 25 Minuten backen.

Tipp der Köchin

Dieses unkomplizierte Gericht schmeckt gut zu Fleisch- und Fischgerichten. Wenn Sie es als Hauptspeise servieren möchten, mischen Sie noch etwas geriebenen Käse oder Schinkenwürfel darunter.

Die gratinierten Kartoffelstifte mit Zucchini machen nicht viel Arbeit und schmecken der ganzen Familie.

Kartoffelpizza

Durch die Kartoffeln wird der Pizzateig nicht so leicht hart und brüchig.

Für 4 Portionen
Für den Teig:
500 g mehlig kochende Kartoffeln
50 g Butter
4 EL Schmand oder Crème fraîche
250 g Mehl
Salz
Für den Belag:
2 Zwiebeln
Salz
4 Tomaten
50 g Champignons
50 g gekochter Schinken
4 EL Öl
50 g schwarze Oliven
frisch gemahlener Pfeffer
Oregano
150 g Emmentaler oder Mozzarella

🕐 **60 Minuten**

1 Die Kartoffeln waschen und in 20 bis 30 Minuten weich kochen. Dann abgießen, abschrecken und pellen. Die Kartoffeln mit einer Gabel zerdrücken oder durchpressen. Die Butter in die heiße Kartoffelmasse einrühren. Schmand oder Crème fraîche, Mehl und 1 Prise Salz einarbeiten und alles zu einem glatten Teig verkneten.

2 Für den Belag die Zwiebeln abziehen und in feine Streifen schneiden. Zwiebeln mit Salz bestreuen und kurz ziehen lassen. Die Tomaten und die Pilze waschen, putzen und in Scheiben schneiden. Den Schinken in Streifen schneiden.

3 Den Backofen auf 200 °C Umluft schalten. Die Kartoffelmasse in 4 Portionen teilen. Jede Teigportion zu einem etwa 5 Millimeter dicken Pizzaboden ausdrücken. Jeden Boden in einer beschichteten Pfanne im heißen Öl von beiden Seiten 3 bis 4 Minuten anbraten.

4 Die Pizzaböden auf zwei mit Backpapier belegte Backbleche setzen und nacheinander mit Zwiebeln, Pilzen, Tomaten, Schinken und Oliven belegen. Mit Salz, Pfeffer und Oregano würzen. Den Käse raspeln oder in dünne Scheiben schneiden und auf den Pizzen verteilen. Die Pizzen 15 bis 20 Minuten im heißen Ofen backen.

Oregano ist ein typisches Gewürz der italienischen Küche und gehört daher unbedingt auch auf diese raffinierte Kartoffelpizza.

Tipp der Köchin

Wenn Sie keinen Umluftbackofen haben, also nicht beide Bleche auf einmal in den Ofen schieben können, machen Sie die Pizzaböden etwas kleiner, damit sie alle auf ein Blech passen.

Leicht und lüftig

Kartoffelsoufflé mit Spinat

Wenn Sie das Soufflé als leichtes Hauptgericht servieren wollen, passt ein Tomatensalat als optische und geschmackliche Ergänzung dazu. Mit kleinen Kalbsschnitzelchen wird das Soufflé zur feinen Beilage.

Für 4 Portionen

500 g mehlig kochende Kartoffeln
Salz
500 g Spinat
2 Knoblauchzehen
2 EL Olivenöl
frisch gemahlener Pfeffer
geriebene Muskatnuss
2 Eier
40 g Butter
50 g Parmesan
Butter für die Form

🕐 **60 Minuten**

Frischen Blattspinat waschen Sie am besten immer erst kurz vor der Zubereitung, damit er nicht weich und matschig wird.

1 Die Kartoffeln schälen und in wenig Salzwasser weich kochen. Inzwischen den Spinat waschen, putzen und fein schneiden. Die Knoblauchzehen abziehen und fein hacken. Das Öl erhitzen und den Knoblauch darin 2 bis 3 Minuten goldbraun braten. Den Spinat dazugeben, leicht salzen und bei mittlerer Hitze zugedeckt 5 bis 7 Minuten dünsten.

2 Den Backofen auf 200 °C (Umluft 180 °C, Gas Stufe 3–4) einstellen und eine Auflaufform darin anwärmen. Die Kartoffeln abgießen, kurz ausdampfen lassen und durch eine Presse drücken. Mit Pfeffer und Muskat würzen. Eier trennen, Eigelbe und Butter in die Kartoffelmasse rühren.

3 Den Spinat, wenn nötig, abgießen und untermischen. Die Eiweißmasse mit 1 Prise Salz steif schlagen, den Käse reiben. Beides unter die Kartoffelmasse heben.

4 Ein Stückchen Butter auf dem Boden der Auflaufform zergehen lassen. Die Kartoffelmasse einfüllen und im Backofen auf der mittleren Schiene 25 bis 30 Minuten backen.

Tipps der Köchin

• Besonders hübsch sieht es aus, wenn Sie das Soufflé in Portionsförmchen als leichte, feine Vorspeise servieren. Die Menge reicht dann für bis zu 6 Förmchen, und das Soufflé muss nur 15 Minuten im Ofen bleiben.
• Denken Sie daran: Nicht das Soufflé sollte auf die Gäste warten (es fällt nämlich sonst zusammen), sondern die Gäste auf das Soufflé!

Herzhaftes Kastenbrot

Kartoffelbrot

**Für eine Kastenform von
30 Zentimeter Länge**

150 g mehlig kochende Kartoffeln

20 g frische Hefe

1 gestrichener EL Salz

650 g Mehl (selbst fein gemahlenes
Vollkornmehl oder Mehl Type 1050)

2 EL Öl

50 g Sesamsamen

50 g Kürbis- oder
Sonnenblumenkerne

Öl und Sesamsamen für die Form

🕐 **2 1/2 Stunden**

1 Die Kartoffeln waschen und in
wenig Wasser weich kochen. Abkühlen lassen. In einer Rührschüssel
1/2 Liter lauwarmes Wasser mit Hefe
und Salz verrühren. Mehl und Öl dazugeben und alles mit den Knetha-
ken des Rührgeräts 3 bis 5 Minuten
gründlich durchkneten. Den Teig zugedeckt 30 bis 40 Minuten gehen
lassen, bis sich das Volumen
etwa verdoppelt hat.

2 Die Kartoffeln pellen, mit einer Gabel zerdrücken und zum
Teig geben. Sesam und Kürbis-
oder Sonnenblumenkerne unter-
kneten. Wenn der Teig noch nicht
geschmeidig ist, etwas Wasser un-
terkneten.

3 Eine Kastenform von
30 Zentimeter Länge fetten
und mit 1 Esslöffel Sesam-

samen ausstreuen. Den Teig einfüllen und mit nassen Händen glatt
streichen. Den Teig in der Form an
einem möglichst warmen Ort noch
einmal 15 bis 20 Minuten gehen
lassen.

4 Den Backofen auf 220 °C (Umluft
200 °C, Gas Stufe 3–4) schalten, die
Kastenform auf die mittlere Schiene
stellen und das Brot 40 bis 50 Minuten backen.

Tipp der Köchin

Aus diesem Teig können Sie natürlich
auch Kartoffelbrötchen formen. Verwenden Sie dann aber etwas weniger
Wasser, damit der Teig nicht auseinan-
der läuft.

Die Kartoffeln machen
den Teig saftig und ver-
hindern, dass das Brot
schnell austrocknet.

*Sonnenblumenkerne
enthalten sehr viel Fett,
das allerdings zu 85 Pro-
zent aus ungesättigten,
also empfehlenswerten
Fettsäuren besteht.*

Zum Nachmittagstee

Kartoffelwaffeln

Mit den »billigen« Kartoffeln haben unsere Großmütter das vergleichsweise teure Weizenmehl gestreckt. Heute schätzen wir diese alten Rezepte, weil die Kartoffeln den Kuchen saftiger und vollwertig machen.

Für etwa 15 Stück

250 g Kartoffeln

1 unbehandelte Zitrone

250 g Butter

200 g Zucker

1 Päckchen Vanillezucker

4 Eier

350 g Mehl

2 gestrichene TL Backpulver

200 g Sahne

1 Prise Salz

Puderzucker zum Bestäuben

🕐 **70 Minuten**

Walnüsse reiben Sie am besten frisch. Wenn Sie sich die Arbeit sparen möchten, können Sie natürlich auch auf fertig gemahlene Walnüsse zurückgreifen.

1 Die Kartoffeln mit Schale in wenig Wasser in etwa 20 bis 30 Minuten weich kochen, abkühlen lassen, pellen und fein reiben. Von der Zitrone 2 Teelöffel der Schale abreiben.

2 Die Butter mit Zucker und Vanillezucker schaumig rühren. Die Eier trennen.

Eigelbe und Kartoffeln unter die Schaummasse rühren. Mehl und Backpulver mischen und zusammen mit der Sahne unterrühren.

3 Die Eiweißmasse mit dem Salz steif schlagen und unterheben. Den Teig portionsweise in einem gefetteten Waffeleisen backen. Die Waffeln auf ein Kuchengitter legen und möglichst frisch, mit Puderzucker bestäubt, servieren.

Aus Omas Backstube

Kartoffel-Schoko-Torte

Für eine Springform von 26 Zentimeter Durchmesser

200 g Kartoffeln

250 g Butter

125 g Walnusskerne

Butter und Semmelbrösel für die Form

250 g Zucker

1 Päckchen Vanillezucker

4 Eier

einige Tropfen Rum- oder Zitronenaroma

125 g Sahne

100 g Schokostreusel oder -blättchen

1 Messerspitze gemahlene Nelken

1 TL Zimt

250 g Mehl

2 TL Backpulver

eventuell Schokoglasur zum Überziehen

🕐 **2 1/2 Stunden**

1 Die Kartoffeln mit der Schale in wenig Wasser in 25 bis 30 Minuten weich kochen. Abkühlen lassen. Die Butter aus dem Kühlschrank nehmen. Die Kartoffeln pellen und, ebenso wie die Nüsse, fein reiben.

2 Den Backofen auf 190 °C (Umluft 170 °C, Gas Stufe 2 1/2) einstellen. Eine Springform buttern und mit Semmelbröseln ausstreuen.

3 Die weiche Butter mit Zucker und Vanillezucker schaumig rühren. Die Eier trennen. Nach und nach Eigelbe, Rum- oder Zitronenaroma, Sahne, Walnüsse, Schokostreusel, Nelken und Zimt einrühren. Das

Mehl mit dem Backpulver vermischen und unterrühren.

4 Eiweiß steif schlagen und vorsichtig unterheben. Den Teig in die Form füllen und die Kartoffeltorte auf der mittleren Schiene des Backofens 50 bis 60 Minuten backen.

5 Den Kuchen kurz abkühlen lassen, dann aus der Form lösen und auf einem Kuchengitter auskühlen lassen.

6 Nach Belieben die Schokoglasur schmelzen und den abgekühlten Kuchen damit überziehen.

Wie prima sich Kartoffeln auch für süße Köstlichkeiten eignen, merken Sie spätestens an der Kartoffel-Schoko-Torte.

Ohne Mehl

Kartoffel-Mandel-Torte

Diese feine Torte kommt völlig ohne Mehl aus und eignet sich deshalb auch für Süßschnäbel, die sich glutenfrei ernähren müssen. Die Backform dann nicht mit Semmelbröseln ausstreuen, sondern nur dick buttern.

Für eine Springform von 26 Zentimeter Durchmesser

250 g mehlig kochende Kartoffeln

50 g Rosinen

4 cl Rum

Butter und Semmelbrösel für die Form

5 Eier

150 g Zucker

1 Prise Salz

1 unbehandelte Zitrone

100 g Mandeln

40 g Zitronat

4 Tropfen Bittermandelaroma

Puderzucker zum Bestreuen

🕐 **2 1/2 Stunden**

1 Die Kartoffeln mit der Schale in wenig Wasser in 25 bis 30 Minuten weich kochen und abkühlen lassen. Anschließend pellen und fein reiben. Die Rosinen mit kochendem Wasser überbrühen und abtropfen lassen. Dann mit dem Rum vermischen und ziehen lassen.

Mandeln können Sie ganz einfach von der braunen Haut befreien, indem Sie sie kurz in kochendem Wasser blanchieren und dann abkühlen lassen.

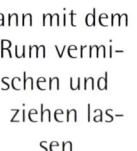

2 Den Backofen auf 200 °C (Umluft 180 °C, Gas Stufe 3) vorheizen. Eine Springform von 26 Zentimeter Durchmesser buttern und mit Semmelbröseln ausstreuen.

3 Eier trennen. Die Eigelbe mit Zucker und Salz schaumig rühren. Die Zitrone heiß abwaschen und 2 Teelöffel der Schale abreiben. Die Mandeln reiben. Das Zitronat fein hacken.

4 Zitronenschale, Mandeln, Zitronat, Bittermandelaroma, geriebene Kartoffeln und Rosinen unter den Teig mischen.

5 1 Teelöffel Saft der Zitrone auspressen. Die Eiweißmasse mit dem Zitronensaft steif schlagen. Den Eischnee vorsichtig unterheben. Den Teig in die Springform füllen und die Kartoffeltorte auf der mittleren Schiene des Backofens etwa 60 Minuten backen.

6 Den Kuchen herausnehmen und kurz abkühlen lassen. Dann aus der Form lösen und auf einem Kuchengitter auskühlen lassen. Vor dem Servieren mit Puderzucker bestäuben.

Tipp der Köchin

Noch feiner wird die Torte, wenn Sie sie nach dem Auskühlen einmal quer durchschneiden und mit Marmelade und/oder Sahne füllen.

Rezeptregister

Die Autorin

Johanna Handschmann war lange Jahre Hauswirtschaftslehrerin und Fachschulrätin. Heute lebt und arbeitet sie als freie Autorin in der Nähe vom Bodensee. Sie hat bereits mehrere Kochbücher veröffentlicht und ist vor allem als Fachautorin zu den Themen »Vollwertküche« und »Trennkost« in Erscheinung getreten. Des Weiteren hält sie Kochkurse und Weinseminare ab.

Der Fotograf

Luis M. Bisschops absolvierte erfolgreich die Meisterschule der Fotografie. Seit über 20 Jahren ist er selbstständig und leitet das TLC-Fotostudio. Zu seinem Team, das sich auf Food-Fotografie spezialisiert hat, gehören Ernährungswissenschaftler, Food-Stylisten und Fotografen. Fotoarbeiten für mehrere hundert Kochbücher sowie verschiedene Auszeichnungen sind ein Beweis für Luis M. Bisschops Perfektion und Kreativität.

Bildnachweis

Alle Bilder stammen von Luis M. Bisschops, TLC, Velen-Ramsdorf mit Ausnahme von: Holz Michael, Hamburg: U1; Südwest Verlag, München: 17, 83 (W. Feiler), 21 (A.–F. Endress), 69, 85 (K. Mewes), Vor- u. Nachsatz (Chr. Paxmann), Freisteller

Impressum

© 2000 Südwest Verlag, München, in der Econ Ullstein List Verlag GmbH & Co. KG, München

Alle Rechte vorbehalten. Nachdruck – auch auszugsweise – nur mit Genehmigung des Verlags.

Lektorat: Dorothea Steinbacher
Projektleitung: Susanne Kirstein
Bildredaktion: Tanja Nerger
Food-Fotografie: TLC Fotostudio GmbH
Produktion: Manfred Metzger (Leitung), Annette Aatz, Dr. Erika Weigele-Ismael
Umschlag und Layout: Manuela Hutschenreiter
DTP: Maren Scherer, München

Printed in Italy

Gedruckt auf chlor- und säurearmem Papier

ISBN 3-517-06186-7